明室
Lucida

照亮阅读的人

社会学作为生活、实践与承诺

第三版

森

见树又见林

The Forest and the Trees
Sociology as Life,
Practice,
and Promise

[美] 艾伦·G. 约翰逊 著　左安浦 译

北京联合出版公司
Beijing United Publishing Co.,Ltd.

献给爱丽丝

中文版序

唐凌[1]

在作者艾伦·约翰逊的网站首页上,比个人简介位置还要靠前的是心理学家、诗人博纳罗·W.奥弗斯特里特(Bonaro W. Overstreet)的一首诗:

固执的盎司[2]
(写给那些认为不能改变一切就什么都不做的人)

你说我的微小努力
毫无是处;它们永远不会
真正影响天平的摆动。
正义自有尺度。
但我从未有此奢望。

---

1 英国开放大学社会学系教师。
2 1盎司约合28.35克,大约6张纸的重量。诗由序作者翻译。

i

我不过有着不容辩驳的偏执，
始终相信我有权决定天平的哪边
应该承受我那固执的盎司。

希望每个心中有"固执的盎司"的人都能遇见这本书、这样的社会学。因为在遇见社会学以前，想必你已经爱上它了。

2010年，到香港浸会大学开始读社会学的时候，我刚经历过"千军万马过独木桥"的高三。我本以为社会学会助我在官僚权力体系里向上攀爬；但本科遇见的老师却用生命向我展示了社会学的立场，可能是我所想象的另一边。

老师身上总有一股江湖气，社会上的本土保育事件他一个也没错过。上课时说到社会事件，他总会卡顿、流泪；而我每每提起他也总会卡顿、流泪。除了本土保育，他也积极参与环境和性别运动。现在的我知道这当然是一种交叉性：用高下、强弱正名的压迫总是大同小异并互相串通。所谓的善，不仅仅是看见自己身上的委屈和压迫，更是用这样的心境去理解每一种边缘处境，在不同的十字路口，都尽力选择"阻力更大的那一条路"并"站在弱者那一边"。社会学能帮我们见树又见林，让我们看见个人与结构之间的联系、结构与结构之间的联系。社会学不是助我们向上攀爬的阶梯，而是勇于为了自己相信的正义而"甘心做一颗鸡蛋对抗高墙"的信念。

他读博的时候只有半奖，申请了十几张信用卡，一张抵另一张。他说当时如果有老师去美国看他和伴侣，师长们会在餐厅把价位遮住。有次，我在他办公室满脸困惑地问问题，恰逢饭点，他便带我去吃寿司。买单时，他也把价位遮住。本科的时候，了解到食品工业和时尚产业的高碳排及其他问题——畜牧业对第三世界国家植被环境以及经济链条的破坏，快时尚行业里对劳动力的剥削和大量的资源浪费……我总是会用求小红花的心态跟他分享自己学习到的这些被日常化了的恶，并且列举出自己为"正义"所付出的点滴努力。但他总是更加决绝。那次请我吃寿司是他最后一次吃肉；同性婚姻合法化以前，他和伴侣也拒绝结婚，因为那样就"占了异性恋霸权制度的好处"；时尚产业问题满满，那就一辈子别买新衣服；讨厌"教授"这个词的高高在上，于是称自己为"教师"；香港工资高，那就直接捐一部分工资出来给民间，做保育、做社会企业……最后就连做学者这种对制度的妥协也不要了。在我去牛津读博的那几年（2016—2021），他和伴侣去了台湾修佛……

2021年，我博士毕业了。老师，听说你出家了，我联系不上你了。而现在，轮到我做老师了。但为什么你的泪水里多是大爱，而我的泪水里始终含着对自己的迟疑和憎恨？2019年，我开始在网上做一些公众社会学的表达。我的观众绝称不上多，但是偶尔也会有人留言，说因为我，Ta们[1]开始对社会学感兴趣，想读社会学。这些话对我来说是重要的支撑。但我总是难免担心，就算这些赤诚的心突破重重阻力如愿学到了社会学，Ta们学到的又会是什么样的社会学呢？

我怕Ta们只学到一种实证主义的社会学，自恃中立客观，但总站在权力那边。我更怕Ta们遇见没有学识却被制度庇护的人，被迫在师生关系中习得如何更好地服从权力。就算Ta们幸运地遇见有批判思维的老师，机构里也充满了巧言

---

[1] 这里使用Ta是有意识地反抗以"他"代指多的父权语言，囊括性别多元群体。

令色的伪善之人：有些是典型的香槟社会主义者，Ta们整天把边缘挂在嘴边，自己却始终趋炎附势，不想过底层生活一天；行业里也充满了敷衍教学的同行，Ta们总会聪明地把时间交给论文和研究经费申请这些考核的重点。但就算是Ta们遇上了我，老师，我也不能保证自己能像当年的你那样决绝。我偶尔也会嫉妒在学术仕途上比我更顺利的同辈，为自己赶不上别人的发表速度而焦虑……虽然百般不愿，但我离伪善，又有多远呢？

艾伦·约翰逊把现行的社会制度比作《大富翁》游戏。这个游戏的底层逻辑就是占领与争夺别人的资源。《大富翁》的游戏规则可以激起人性中的自私，所以哪怕是跟自己的孩子玩这个游戏，作者也不会让出自己的领地。我们的制度（尤其是资本主义制度）就是这样的《大富翁》游戏。更可悲的是，它可能连《大富翁》游戏都不如。毕竟大部分游戏都有一个公平竞争的机制，但现实却充满了暴力的欺瞒和谎言。

第三版《见树又见林》几乎每个章节的例子都有更新，还特别加了新的第七章"作为世界观的社会学：白人特权从哪里来"。前两版的《见树又见林》在阶级和性别议题上阐释得相对翔实，而这版则补充了对殖民主义和部分环境问题的结构性讨论。作者论述了种族意识是如何在帝国主义和资本主义的扩张中成形稳固的。从英国人在不列颠群岛内把爱尔兰人视为"次等种族"以便不带情感地实施管控开始，到17世纪英国殖民扩张到美洲后，把非洲人视为"次等种族"以便推行奴隶制，"种族"这个文化概念就是这样深远持久地巩固着切身的暴力和压迫。这里之所以强调种族是文化概念并不是否认基因上的不同（把另一个群体他者化——不当成人——的过程中势必能找到一些基因上的不同,如爱尔兰人相对英格兰人就有更高比例的红发人群),而是想去追问为什么有的基因被赋予决定性的区分功能(如肤色、性别),而有的基因则没有(如自然卷、雀斑)。当这些不同被放大定性之后,社会就成了一个初始设定不公平的《大富翁》游戏:有的人生来统治,有的人生来被统治。但如果规则不公平得太直白,就没有人会老老实实遵守规则了,所以这个游戏中除了直接惩罚管制外,还有许多障眼法——如让底层白人把矛盾转嫁到黑人和移民身上;让底层男性把焦虑转嫁到女性和性少数群体身上;又或是跟大家说,资本的饼做大了自然能分给更多的人,但问题的症结不是资源的有限,而是做饼、分饼,甚至认证什么是"饼"的规则……

《见树又见林》英文第一版于1991年出版,第三版于2014年出版。但2008年金融危机以后的情况,仍然可以全然被1991年的书,甚至马克思在19世纪写的书解释。这不禁让人难过。我们的世界还会好吗?2010年后,全球兴起了戏谑左派思想为"觉醒文化"的话语,仿佛左派只会用一些"无伤大雅"的恶来"取消"有名望、有实力的人。一种新的权力崇拜席卷全球——那些已经在权力中心的人才值得被崇拜,如果Ta们说了一些歧视性话语,那就是"真实";而关心边缘的人如果不是在自我感动,就是巧言令色或别有用心。如果"真实"跟伪善相比更加可爱的话,那似乎只有不断靠近"圣人",才能证明立场的纯粹。我也不由得提心吊胆地拿起放大镜检视周围的人和自己。

《大富翁》游戏就是为艾伦·约翰逊这样的人设计的。作者在书里说要拒绝玩这个游戏,但现实生活中,他又有密歇根大学的博士学位,又在大学教书,还是畅销书作家,没有隐居山林,这是不是一种伪善呢? 1991年的时候,《见树又见林》的副标题是"社会学思考的入门"。当时他还在强调跟C.赖特·米尔斯(C. Wright Mills)所著的社会学经典《社会学的想象力》(*The Sociological Imagination*)对话。但相对《社会学的想象力》来说,《见树又见林》不仅仅是为学院里的人而写的书,更是为每一个可能被社会学触动的人而写的书。大学是精英主义的,但社会学应该属于全社会。

厘清不同学派、不同认识论不是《见树又见林》的重点。非必要作者绝不多说"文科黑话"。在1997年出版的第二版中,约翰逊就把副标题改成了"社会学作为生命、实践和承诺"。同年,作者还出版了另一本社会学通俗读物《性别打结:拆除父权违建》(*The Gender Knot: Unraveling Our Patriarchal Legacy*)。《性别打结》像是《见树又见林》的性别聚焦版——书中深刻剖析了作者自己作为白人中产异性恋男性的特权。如果特权一定要建立在对其他群体想当然的压迫上,那就让我们在日常生活中选择阻力更大的路,去质疑、放下、颠覆这些特权。这里的颠覆不仅指向那种制度上的大变革,更是一种日常生活中的小改变:能不能不开"娘炮"的玩笑?能不能不觉得底层很"臭",黑人很"脏"?能不能不觉得家务小孩都是女人,甚至"阿姨"的事?……谈起结构的不平等,人人都能说上两句,但是日常生活实践中的伤害却是在点滴的下意识中累积起来的。

如果我们生来就已经在《大富翁》的游戏里,那每个人的觉醒都是从看不全摸不透的混沌摇摆中开始的。约翰逊自己的书越写越通俗,之后更是开始涉足小说领域,多角度地继续揭露结构暴力。在"社会参与"还没有成为学术界主流审核标准，企业也还没有健全平等意识的20世纪90年代，约翰逊就开始公众演讲，并去不同的企业做平等意识的培训。2017年，他去世前写的最后一本小说是反思白人特权的回忆录。2014年再版的《见树又见林》，也要加上自己新的后殖民反思。

何不做飞鸟，见树又见林。但没有一只鸟儿的一生，可以穷尽所有树林。约翰逊在性别领域对跨性别、非二元和间性别的讨论有限；他没有反思残障问题，看不见神经多元群体的处境；他对环境问题的理解也没有从多物种的角度出发，忽略了人类中心主义……甚至他所引用的文献、理论，也那么西方中心主义。随着时间流逝，这本书的"缺陷"只会越来越多，他的不完美也会越来越多。但是这些或许都没有那么重要。没有人能十全十美，也没有一本书能传递所有思想。但重要的是这些人和文字触碰到了你那颗仍有触动的心。

此刻，你真实地感觉到你活着。这样的真实，跟你屈服于世间的"恶"的真实是两种真实。后者从乐观里走向悲观："世界果然糟透了。那些看上去正直的人，最终不也一样。"但前者在悲观中坚持乐观：

哪怕众人皆醉我独醒，哪怕别人笑我太疯癫，哪怕我永远也无法穷尽"不经意"的恶，哪怕我做不到尽善尽美，哪怕我也有迟疑犹豫，甚至时常被另一条路所吸引，来回踟步。但是我愿意继续自省，努力接纳那个本来就生于残缺、难免犯错的自我，却不为我的过错开脱。我愿不断改过自新。要是可以轻松地选另一条路也不错，但没办法，我还是会为"明知不可为而为之"的天真和执拗而触动。

  只看结果的话，我老师的实践一个也没有成功，约翰逊所在的美国也仍是资本主义、父权和白人至上的。哪怕在几百年后，世界的结构仍没有太多改变，但"这些没有用的东西"已然召唤出我心中那"固执的盎司"，并在生命里激荡起小小却不可泯灭的涟漪。

  你可以且应当不信任我，不信任我的老师，不信任作者，不信任包括社会学家在内的各种"学家"，不信任每一个自诩正义的人，甚至不信任自己。但，请你相信这样的社会学。

2024 年 4 月

致 谢

在准备第三版的过程中，我要感谢特伦斯·麦金（Terence McGinn，密歇根大学）、伊丽莎白·M. 卢卡（Elisabeth M. Lucal，印第安纳大学南本德分校）、迈克尔·施瓦尔贝（Michael Schwalbe，北卡罗来纳州立大学）以及天普大学出版社的匿名审稿人给出的周到反馈和建议。我要特别感谢我的编辑珍妮特·弗朗森迪丝（Janet Francendese），感谢她对我工作的热情支持；我还要感谢为本书付梓付出了辛勤劳动的人：制作编辑琼·维达尔（Joan Vidal）、设计总监凯特·尼科尔斯（Kate Nichols）和文字编辑希瑟·威尔科克斯（Heather Wilcox）。

目 录

引　言　生活、实践与承诺　　　　　　　　001
　　　　实践什么？　　　　　　　　　　　003

第一章　森林、树木和一件事　　　　　　　007
　　　　一件事　　　　　　　　　　　　　013
　　　　个人主义模型失效了　　　　　　　021
　　　　与我们有关，也与我们无关　　　　026
　　　　个人解决方案不能解决社会问题　　030
　　　　更复杂，也更有趣　　　　　　　　033
　　　　进入实践　　　　　　　　　　　　036

第二章　文化：符号、观念和生活的材料　　038
　　　　建构现实　　　　　　　　　　　　040
　　　　信念："一旦相信，就会看见"　　　046

价值观、选择和冲突　　　　　　　050

　　　规范、道德和越轨　　　　　　　056

　　　态度：文化即感觉　　　　　　　065

　　　物质文化与生活的材料　　　　　070

　　　我们的盒子，最好的盒子，唯一的盒子　078

第三章　社会生活的结构　　　　　　　082

　　　我们和它：身份和角色　　　　　085

　　　个人的和结构的　　　　　　　　091

　　　结构即关系　　　　　　　　　　098

　　　结构即分配：谁获得什么　　　　101

　　　系统和系统：家庭和经济　　　　103

　　　结构-文化联系　　　　　　　　109

　　　系统之内的系统　　　　　　　　117

第四章　人口和人类生态学：人、空间和场所　120

　　　人类生态学　　　　　　　　　　122

　　　生计模式　　　　　　　　　　　129

　　　出生、死亡、迁移：人口与社会生活　132

　　　人口与大局　　　　　　　　　　137

第五章　我们、它和社会互动　　　141

自我：参与的我　　　141
系统中的自我　　　150
让系统得以发生　　　157
日常生活中的大结构　　　160

第六章　事情不是你所见　　　166

"我爱你"　　　167
人们为什么不投票？　　　173
贫困为什么会存在？把"社会"放回社会问题中　　　178
使男性暴力隐形　　　187

第七章　作为世界观的社会学：白人特权从哪里来　　　195

白人特权从哪里来　　　198
世界观很难改变　　　208

结　语　我们到底是谁？　　　212

术语表　　　218
索引　　　227

引言

生活、实践与承诺

我是一个实践派的社会学家。本书的主题是，我所实践的社会学是什么，它意味着什么，以及为什么它很重要。本书将要讲述的是，这种实践如何渗透到生活的方方面面，从头条新闻，到变老的经历，再到世界上的战祸、不公、压迫和恐怖主义。它关乎小事，也关乎大事。它关乎简单的事，也关乎复杂得难以想象的事。

我通过很多种方法实践社会学。我会思考社会生活的运作，我会写书，我会和人们一起试图了解世界上正在发生的事情，以及我们在其中的生活。我会作为演讲者和研讨会主持人，帮助解决纷繁多元的世界里存在的困境——种族、性别、性取向、残疾与其他各种形式的特权、权力和压迫给人们的生活蒙上了阴影。我会阅读新闻，打开电视，或者去看电影。我会在街上走，在市场里购物，或者坐在路边的餐馆里，观察世界的流转，思考生活**究竟**是什么，那些相互关联的人的生活由什么组成,是什么把它编织在一起,又是什么把它分开,以及它与我有什么关系。所有这些都是我实践社会学的方式。

我之所以实践社会学有很多原因。我这么做是因为世界上有太多不必要的痛苦,如果想要对此有所作为,就必须了解痛苦的来源。从这个意义上说,实践社会学具有深刻的道德维度。我所说的"道德"并不是"要做好人,别做坏人",而是在更深更广的社会学意义上,它触及了我们作为人类的本质以及人类共同生活的要素。长期研究社会生活,就必然要面对它产生的后果。其中许多后果不仅对人类的生活,也对其他物种和地球本身造成了巨大损害,以致除非找到否认或忽略现实的方法,否则我们不得不质问:"为什么?"一旦提出了问题,我们就需要一些工具,帮助我们理解它会通向何处,并想象我们如何才能改善现状。

我们不得不成为问题的一部分,但实践社会学可以让我们成为解决方案的一部分。这不仅能改变世界,还会使它更加宜居——尤其是考虑到这是一个多么疯狂的地方。实践社会学有助于我们了解事物之间的联系,并设法做出哪怕最微小的改变。我们无法凭一己之力改变世界,但我们可以做出明智的决定:为了让世界变得更好,我们要如何参与其中——即使是在邻里、家庭或者我们工作学习的地方。

如果我怀疑变得更好的可能性,我就不会实践社会学。我相信,我们的个人选择对个体之外的生活具有超乎想象的深远影响;我相信,世界不必是现在这个样子,但它也不会自动变好。我们需要做点什么,而且我们的行为绝不能建立在直觉、个人观点和偏见之上。我们需要一些解决问题的系统方法,这正是社会学实践所提供的。

我实践社会学，也是因为它一直提醒我自己在世上生活的本质。社会学不仅仅关乎某个"外面的"更大的世界。它也关乎世界上的每一个人，以及我们与世界之间的联系，这意味着它可以让我们了解一些基本事实：我们是谁，我们为什么活着。我实践社会学是为了提醒自己，那些我们自以为很了解的事情背后还有许多我们**不**知道的事情，所以我们需要感到敬畏。

例如，有时候我惊讶于社会生活竟然还能正常运转，我们居然能像现在这样一起生活和工作，一起交谈、梦想、想象、战斗和创造。即便是最简单的谈话，也包含了一些惊奇——从某种意义上说，我们永远无法得知它如何发生的核心真相。我们可以把自己推向我们所能知道的极限，从而思考事物的奇迹。我们可以感受到核心真相的边缘，以及我们的生活如何成为它们的一部分。所以，虽然我的社会学实践通常关乎理解世界，但它也让我理解隐藏在世界之下的关于人类存在的不可知的本质。

实践社会学是一种观察世界、思考世界和理解世界的方式，也是一种**进入**世界和**融入**世界的方式。人类生活不断将自身塑造成一个谜，这个谜有关正在发生的事情及其与我们的关系，而实践社会学让我们得以在这样的生活中扮演一个有意义的角色。

实践什么？

对于我所说的"社会学"，大多数人可能有一点概念，但我怀疑它不同于实践中的社会学。如果你曾经读过典型的社会学入门教科书（这是大多数人正经接触社会学的唯一机会），你可能会认为社会学是关于几乎所有话题——从家庭、经济、政治、犯罪、宗教到复杂的会话——的事实和术语的集合。你可能会想起高中的社会研究，但层次更高。然而，考察社会生活的这些方面并不等于社会学，因为许多学科都研究相同的领域。例如，刑事律师、法律学者和法官都研究犯罪；经济学家研究经济；政治科学家研究政治；人类学家、心理学家、历史学家和离婚律师都研究家庭。但这并不意味着他们在实践社会学。

因此，含糊地把社会学定义为"关于"群体和社会或"关于"社会生活，并没有多大用处。因为"关于"是非常模糊的字眼，所以"社会学"最终意味着你想表达的一切，而这可以说是毫无意义的。这很容易让人以为社会学无处不在：当《纽约时报》、CNN（美国有线电视新闻网）、PBS（美国公共广播公司）或者你最喜欢的博客对一些"社会"事件发表评论时，你会以为他们是在实践社会学。人们也很容易认为，我们在网上学到的东西和通过研究社会学学到的东西一样多。因此，许多社会学家不遗余力地向人们强调，他们做的事情不仅仅是常识。当然，他们是对的，社会学**的确**远远超出常识（现在我也这么说了）。但之所以必须说服大众，很大程度上是社会学家自找的，他们用一只手挖了一个洞，又想用另一只手把洞填上。

你在学术期刊上找不到社会学的清晰概念。这并不是因为作者没有实践社会学，而是因为他们根本不愿意解释社会学的**本质**，它被埋藏在层层数据和理论之下，是含而不露的。大多数社会学家的写作主要面向其他的社会学家，因此他们似乎认为,"社会学是什么"这个问题不值得深究,也不需要让外行人理解。也许你读了好几年的期刊文章,却不明白为什么这些文章都属于社会学。

对一些社会学家来说,"社会学的定义不够清晰"并不是一个问题,这是社会学的本质使然。他们认为,社会学不是单数的,而是**复数**的。试图用一种宏大叙事一劳永逸地解释一切,是徒劳的,甚至是狂妄的。这种想法迂腐、呆板、过于现代主义。更糟糕的是,它根本不可行。

的确,社会学涵盖了令人眼花缭乱的思想、方法和兴趣点。毫无疑问,没有一种理论可以解释一切。但是,如果社会学的本质在于它围绕着许多不同的"叙事"展开,那么**我们仍然要自问:这些叙事何以证明自己是社会学的?**如果我们不能以一种清晰而直接的方式回答这个问题,就很难理解为什么有人会认真地对待社会学实践。如果我们无法完全掌握社会学家的行为和动机,那么世界上的所有研究和理论对社会学家以外的人来说就毫无意义。

这就是我写这本书的原因。当我开始写这本《见树又见林》的时候,我把自己放在一个假设的情境中:如果社会学只能教给每个人**一件**事,如果它只能传递**一种核心理念**,那会是什么呢?关于家庭?关于政治制度?关于社会不平等?关于社会互动中的语言使用?还是关于冲突理论、交换理论、功能主义、后现代主义或多年以来其他社会学家使用的理论视角?简而言之,它会是"社会学"总标题下的大量数据、术语和理论中的某条数据、某个术语或某种理论吗?

我认为不是;或者,至少我希望不是。比这些更简单、更强大的是一种核心理念,是通往各种问题的起点和大门,而这些问题又指向其他的一切。这种理念本身并不能解释任何事情（这不是重点）。相反，它定义了一种有关现实的核心观点，所有类型的社会学实践都有意或无意地基于这种观点，它提供了检验"社会学实践意味着什么"的试金石。

我说我实践社会学，指的就是这种核心观点，即连接着许多不同类型研究的共同基础。本书是一位实践派的社会学家对下面这个假设问题的回答：什么样的核心理念最有潜力，也最有希望改变我们看待世界和看待自身的方法。本书的主题是，这个核心理念是什么，以及为什么我们理解它、运用它、实践它、传递它很重要。

第一章

森林、树木和一件事

在实践社会学的过程中,我经常在大学、学院等机构与那些试图解决特权和压迫问题的人共事,这些问题围绕着人类之间的各种差异,通常被称为"多样性"(diversity)。从最简单的意义上讲,"多样性"是指世界上人的多样化,即性别、种族、年龄、社会阶级、残疾状况、族群、宗教等社会特征的多变组合。举个例子,由于来自亚洲和拉丁美洲的移民,美国的人口构成正在迅速变化。

如果多样性仅仅意味着改变组合,那么这就不是一个问题,因为差异使生活变得有趣,增强了创造性。例如,多元群体通常比同质群体更善于处理需要创造性解决方案的问题。的确,多样性带来了语言障碍、行为差异等困难,可能会使人们困惑甚至恼怒。但人类是大脑发达的物种,适应能力强,学习速度快,所以学习与不同类型的人相处不应该是我们无法解决的问题。就像来到异乡的旅人,我们可以相互了解,容忍差异，甚至想出充分利用差异的方法。

然而大多数人知道，在现实世界中，差异不仅仅意味着多样化。人们在差异的基础上接纳一些人，同时排斥另一些人；多奖励一些人，同时少奖励另一些人；敬重一些人，同时把另一些人视为非人，甚至空气。人们在差异的基础上行使特权，从只让一部分人享有人人应有的人格尊严，到最极端的决定谁生谁死。[1] 由此产生的不平等和压迫不仅摧毁了无数人的生活，而且造成了源自不公和痛苦的分裂和怨恨，这些分裂和怨恨深刻地影响了从社区[2]、工作场所、学校到家庭和婚姻亲密关系等所有地方发生的事情。

在有些地方，感觉你的身份和你做的事情被接受和重视是非常关键的。实现这个目标的一种方法是执行某些程序，帮助人们看到实际上发生的事情的后果，了解这些后果对不同人的影响，以及他们如何才能改善现状。最困难的部分是，人们不愿意谈论特权，尤其是那些属于特权群体的人。例如，在谈及种族或种族主义的话题时，白人通常会陷入沉默，仿佛内疚或其他不敢表达的感情使他们僵住了。又或者他们会愤怒地反击，为自己辩护，似乎他们因为自己没有做过的事情而受到人身攻击和指责。

这样的事情发生在 2005 年，当时新奥尔良市被飓风卡特里娜摧毁了。风暴过后，成千上万的人被困在城市里，没有

---

[1] 关于特权本质的经典文章，参见 Peggy McIntosh, "White Privilege and Male Privilege: A Personal Account of Coming to See Correspondences through Work in Women's Studies", Wellesley Centers for Research on Women, 1988。

[2] 在本书中，"community" 翻译为社区或社群，"neighborhood" 翻译为邻里或街区。前者是一个较大的概念，强调具有共同文化的群体，比如"华人社区"或"网络社群"；后者更接近中文语境下的"小区"，强调共同地域。——译者注

足够的水、食物和避难所，所有看新闻的人都注意到，留下来的绝大多数是有色人种。在接下来的几个星期，联邦政府对这场灾难及其受害者的迟钝反应加剧了人们的痛苦，并将一场自然灾害变成了国家耻辱，一些人试图发起一场关于美国的种族和阶级的全国对话。然而，认为新奥尔良市明显的种族模式与种族有关的想法立刻激起了许多白人的强烈否认，甚至愤怒，以总统乔治·W.布什为首，绝大多数人认为新奥尔良发生的事情与种族**无关**。[1]

由于特权群体的成员往往不愿意审视特权和压迫，女性、黑人、拉丁裔美国人、男同性恋者、女同性恋者、残疾人、工人等从属群体（subordinate groups）可能也不会主动提到这些问题。他们知道，挑战现状和冒犯别人的行为很容易被特权报复。因此，典型的模式是在两个同样无效的选项之间做选择：要么陷入内疚、指责和辩护的循环，要么彻底回避谈论特权问题，而不是审视特权和压迫的现实。无论如何，破坏性的模式及其后果仍将持续。

为什么这会持续下去？一个主要的原因是，人们倾向于只从个人的角度思考，仿佛社会或大学只不过是生活在特定时间和地点的一群人的集合。关于个人主义如何影响社会生活，许多作家都提到过：它使我们彼此隔绝，促进造成分裂的竞争，使我们很难维持社区意识——即使我们生活在一起。但个人主义不仅影响我们如何参与社会生活，它还会影响我们如何思考社会生活，以及我们如何理解社会生活。

---

1 基于芝加哥大学迈克尔·道森（Michael Dawson）教授的研究，2005年10月28日至11月17日进行的全国范围的采访。

如果认为所有事情既开始于个人，也结束于个人——我们的个性、我们的生活经历、我们的感情和行为——那么我们很容易把社会问题归结为个性的缺陷。如果我们的社会存在毒品问题，那一定是因为个人不能或不愿拒绝毒品。如果存在种族主义、性别主义、异性恋主义、阶级主义（classism）或其他形式的特权和压迫，那一定是因为个人需求让他们以种族主义、性别主义等压迫性的方式行事。如果世界上存在恐怖主义，那一定是因为某些人——恐怖分子——天生就不得不从事恐怖主义行为。如果美国国会什么都做不成，那一定是参议员和众议员出了问题。简而言之，坏事的原因是坏人。

这种思考世界的方式在美国尤其普遍。如果我们以这种方式看待世界，就很容易理解，当特权群体的成员被要求审视由于属于该特定群体而获得的利益与其他群体为此付出的代价时，为什么他们会生气。例如，当女性谈论性别歧视对她们的影响时，个人主义思想会鼓励男性将其视为人身攻击："如果女性受到了压迫，那么我不就成了想要压迫她们的邪恶压迫者？"因为男性都不愿意把自己看成坏人，因为大多数男性可能不会有意识地以压迫性的方式对待女性，所以男性可能觉得受到了不公平的指责。

在美国，个人主义可以追溯到18世纪；再往前，可以追溯到欧洲启蒙运动和现代主义思想的确立。在这一时期，个人的理性思维得到承认，并被提升至主导地位，甚至从宗教和上帝中分离出来，位于两者之上。美国个人主义思想的根源，部分可以追溯到威廉·詹姆斯的著作，他是心理学领域的先驱。后来，西格蒙德·弗洛伊德对潜意识之存在和个人经验之内在世界的革命性见解,强化了个人主义在欧洲和美国的重要性。在整个20世纪,在理解人类存在的复杂性和奥秘时,个人生活逐渐成为主要的框架。

我们可以在书店和畅销书排行榜上看到个人主义的倾向:那些关于自助、个人成长和个人转变的书籍中充满了改变世界的承诺。即便在社会的宏大层面上——从战争和政治,到全球金融危机——个人主义也将一切归结于我们眼中的主事者的个性和行为。如果资本主义社会的普通人感到被剥削和不安全,个人主义的答案是,公司的经营者是贪婪的,或者政治家是腐败无能的。同样的观点认为,贫困存在的原因是穷人个人的习惯、态度和技能;他们被指责缺乏毅力、不够努力,被告知如果想让自己过得更好,就需要做出改变。

从个人主义的角度来看,创造更美好的世界的方法是让"正确的人"主事,或者创造更好的人——通过在新时代解放人类意识、改变儿童社会化的方式,或者监禁和消除那些不愿或不能变得更好的人。心理治疗提供了一种模型,不仅可以改变个人的内心生活,还可以改变他们生活的世界。如果有足够的人通过治疗来治愈自己,那么世界也会"治愈"自己。

贫困、自然灾害、恐怖主义等集体问题,其解决方案不再是集体性的,而是个体解决方案的累加。如果想要减少世界上的贫困,个人主义的答案是:**每次一个人地**改变穷人,以此使他们摆脱贫困,或者防止他们变成穷人。或者,结束大规模谋杀——比如2014年发生在加利福尼亚州维斯塔岛的杀人事件——的方法,是找出所有可能有意实施此类行为的人(比如通过心理健康筛查),在事件未发生之前以某种方式阻止他们。

所以，个人主义是一种鼓励我们**完全**以个人内心活动解释世界的思维方式。我们能这样思考，是因为我们有自省能力，也就是说，我们已经学会了以更强的意识和洞察力看待**自我**。我们可以思考自己是怎样的人，以及我们如何生活在这个世界上，我们还可以想象全新的自我。然而，要重新想象自我，我们首先必须相信，我们是独立的个体，独立于构成社会环境的群体、社区和社会。

换句话说，必须先有"个人"的**观念**，我们才能把自己视为个人，而个人的观念只存在了几个世纪。如今，我们更加笃信，社会环境不过是个人的集合，我们把社会看作人群，把人群看作社会，认为理解社会生活的关键仅仅在于理解个人生活的动力。

如果你成长并生活在一个个人主义思想占据主流的社会，那么"社会就是人群"这个观念似乎是显而易见的。这种方法的问题在于，它忽略了参与社会生活的个人之间的差异，以及把这些个人与其他个人、群体和社会联系起来的社会关系。的确，如果没有参与的人，就不可能形成社会关系，但人不等于社会关系。

这就是为什么本书书名借用了"见树不见林"这句谚语。在某种意义上，森林是个体树木的集合，但又不止于此。森林是彼此之间存在**特定关系**的树木的集合，你无法通过观察单棵树来判断这种关系。让一千棵树散布在北美大平原上，你只得到了一千棵树。但如果把这些树紧密地放在一起，你就得到了森林。相同的个体树木，在一种情况下是一片森林，在另一种情况下只是许多树木。

分隔个体树木的"真空区"，并不是某一棵树的特征，也不是所有的个体树木以某种方式加在一起的特征。森林是更大的东西，了解树木**之间的关系**非常重要，正是这些关系造就了森林。关注"更大的东西"——无论是一个家庭、一个社会还是整个世界——以及人们与它的关系，就是实践社会学的核心。

一件事

如果社会学只能教大家一件事，一件对我们理解社会生活影响最深远的事，我相信就是：**我们总是参与比自身更大的东西，如果想要理解社会生活，想要理解社会生活对人们的影响，我们就必须理解我们参与的是什么，以及我们如何参与其中。**换句话说，理解社会生活的关键不仅仅在于森林，也不仅仅在于树木，而在于森林和树木，以及它们之间的动态关系所产生的后果。

我们参与的更大的东西被称为"社会系统"，它有不同的形态和大小。一般来说，"系统"这个概念是指部件或元素的集合，这些部件或元素以某种方式结合成某种整体。例如，我们可以把汽车发动机看作一个系统，它是一些零件的集合，其排列方式使汽车能够行驶。或者我们可以把语言看作一个系统，它有词语和标点，以及把词语和标点组合成有意义的句子的规则。我们也可以把一个家庭看作一个系统——它是一群相互关联的元素，我们可以把它看成一个单元。家庭中的元素包括位置，比如母亲、父亲、妻子、丈夫、配偶、伴侣、父母、孩子、女儿、儿子、姐妹和兄弟。还包括把这些位置联系起来，从而建立关系的共有观念，比如"好母亲"应该如何对待孩子,家庭是什么,以及什么构成了家庭成员之间的亲属关系。如果我们把这些位置、观念和其他元素结合起来,就可以把结果视为一个"社会系统"。

同样,我们可以把学校或社会看作社会系统。它们之间的区别——以及它们和家庭之间的区别——在于它们所包含的元素类型,以及这些元素之间的关系是如何组织的。例如,大学和学院里有学生、校长(或院长)和教授等位置,但"母亲"这个位置不属于学术系统。在大学和学院工作或学习的人当然可以成为母亲,但并不是"母亲"这个位置把她们与这些系统联系起来。

社会系统如何运作,如何产生不同的后果,关键就在于这种区别。例如,公司有时候被称为"大家庭",但如果看看家庭和公司作为社会系统实际上是如何建构的,我们就会发现这种观念有多么不切实际。家庭通常不会在经济困难或想要提高利润时解雇它的成员,也通常不会根据体格强弱或能力高低分配餐桌上的食物。[1]但一直以来,企业为了提高股息和股票价值而裁员。通常情况下,高层管理者会从每年的公司利润中拿走巨大的份额,甚至还会让企业"大家庭"中的其他成员失业。

归根结底,社会生活就是社会系统和参与其中的人之间的动态关系。请注意,人们是**参与**社会系统,而不是**属于**社会系统。从这个意义上讲,"父亲"和"祖父"是我在家庭中的位置,而作为"艾伦"的我是实际占据这些位置的个人。

---

[1] 当然,有很多来自不同文化和历史时期的例子,证明家庭里有过这种行为——特别是涉及女儿的时候。但在美国这种经常把各类组织比作家庭的地方,正常的家庭生活不是这样的。

正是在这个意义上，我"是"一个祖父。这个区别很容易被忽视，但它非常重要。它很容易被忽视，是因为我们太习惯于仅仅从个人的角度思考。它非常重要，是因为它意味着人不是系统，系统也不是人。如果忘记了这一点，那么在试图解决问题时，我们很容易弄错重点。

为了理解人和系统的区别，想象一下你处在一个社会情境（social situation）中，比如一场教堂婚礼，这时一个从未到过这里的人推门而入，环顾四周。也许来客是一个女人，她的汽车出了故障，想要借一部手机，以便打电话求助。极有可能，她会立刻知道自己在社会意义上的位置；更重要的是，她会准确地知道房间里的人对她的期望，**尽管她对他们一无所知**。只要这位来客能够准确地识别出她所参与的社会系统和她在其中的位置，就能够表现得体，而不违背该社会情境内含的期望。

把系统仅仅视为人，这解释了当有人指出社会中存在种族主义或性别主义的时候，为什么特权群体的成员经常会觉得这是在针对自己。例如，"美国是一个种族主义的社会，白人相对于有色人种拥有特权"，这个表述把美国描述为一种社会系统。因此，它**没有**描述生活在那里的个人，而是更多地涉及我们每个人如何参与到社会中。

例如，作为个人，我不可避免地以某种方式参与到这个社会中，并且不由自主地被这种"参与"影响和塑造。但这一切在实践中如何发挥作用取决于很多事情，包括我选择**如何**参与。我出生于1946年，听着当时的广播节目长大，包括充斥着对黑人（演员都是白人）的种族主义刻板印象的《阿莫斯和安迪》。和其他孩子一样，我会根据所处的环境来定义什么是"有趣的"。在白人主导的社会中,从白人的角度来看,这个节目被明确定义为"有趣的",而我出生在一个白人家庭,所以当我们一边开车,一边听着汽车广播的时候,我和其他人一起大笑。我甚至学会了模仿"黑人"角色的声音,还可以模仿节目中的经典台词来娱乐我的家人。

许多年后,这些种族主义的画面仍然深深地刻在我的记忆中,因为我一旦让它们进入,就永远无法摆脱。事后来看,我可以看到其中的种族主义,也可以看到在我曾经成长和如今参与的社会中,种族主义与巨大的不公和痛苦有着密切的联系。作为个人,我无法改变过去的事情,也无法改变我的童年。然而,我可以选择如何对待种族和种族主义。我无法使我的社会或者我生活的地方突然不再奉行种族主义,但我可以根据我占据的"白人"特权位置,来决定作为一个白人该如何生活。当我听到种族主义笑话时,我可以决定是大笑还是反对。我可以决定如何与那些不是白人的人相处。我可以决定如何应对种族主义造成的后果——是成为解决方案的一部分,还是成为问题的一部分。我并不因为我的国家奉行种族主义而感到内疚,因为这不是我造成的。但作为一个参与到社会中的白人,我认为我有责任考虑如何解决这个问题。要克服潜在的愧疚感,看看我如何能有所作为,唯一的方法是认识到这个系统不等于我,我也不等于这个系统。

尽管如此,系统和人是紧密相连的,了解这种联系的运作原理是社会学实践的基础。我们可以把社会系统与《大富翁》等游戏进行比较,这些游戏也可以被视为一种社会系统。游戏中有社会位置(玩家、银行),有物质现实(棋盘、棋子、骰子、游戏币、房产契约、房子和酒店),有一些观念——这些观念通过一系列的关系把这些元素连接起来。明确的价值观定义了游戏的目标——获胜——而规则阐明了获胜的条件，以及为了获胜可以做些什么，包括作弊的概念。

请注意，我在描述这个游戏的时候，根本不必提及玩家的个性、意图、态度或其他特征。换句话说，这个游戏是一个独立的存在，无论谁在玩它都是一样的。所有的社会系统都是如此。例如，我们不需要描述实际的参议员和众议员，就可以将美国国会描述成一种社会系统，它的特征使它有别于其他的社会系统。

我现在不玩《大富翁》了，主要是因为我不喜欢自己玩《大富翁》时的行为。以前玩《大富翁》的时候，我会努力获胜——哪怕是和我的孩子一起玩；而当我获胜的时候，我无法抗拒地自我感觉良好（我们**理应**感觉良好），即便我觉得这很糟糕。为什么我会有这样的行为和感觉？这并不是因为我个性贪婪、唯利是图：当我不玩《大富翁》游戏的时候，我不会有这样的行为。作为一个人，很明显我有这样做的**能力**，这是解释的一部分。但剩下的可以归结为这样一个事实：我之所以有如此行为，是因为《大富翁》游戏的目标是获得所有的金钱和财产。

当我参与《大富翁》游戏的"社会系统"，贪婪行为是呈现给我的一条"最小阻力路径"——如果我想做个局内人，我就应该这么做。在玩游戏的时候，我觉得我有义务遵守它的规则，追求它倡导的价值。我认为游戏具有对玩家的权威，这一点非常明显，因为很少有人建议改变规则（我拿走孩子的最后一美元，说"对不起，亲爱的，但这就是游戏的玩法"）。如果**我们**就是游戏，那我们可以自由地遵守自己喜欢的规则。

但我们往往不会以这种方式看待游戏,或系统。我们认为它们与我们无关,因此不能随心所欲地塑造它们。

当人参与到社会系统中,会发生的事情取决于两点:系统及其组织方式,以及参与其中的人在每个时刻做了什么。人的行为部分取决于他们在系统中相对于其他人所占据的位置(在《大富翁》游戏中,每个人都占据相同的位置——玩家;但一间教室里有老师和学生,一家公司可能有数百个,甚至数千个位置)。人是系统发生的原因。如果没有人的参与,系统就只是一个附加了物理现实的观念。如果没有人玩《大富翁》游戏,它就只是装在写有规则的盒子里面的一堆东西。如果没有人玩"丰田汽车公司"这个"游戏",它就只是一堆工厂、办公室和设备,以及写在纸上或储存在电脑上的规则和账目。同样,一个社会的组织方式可能会促进种族主义或性别主义,但这些后果要发生——或者不发生,必须有人在那个社会的某个社会系统中对其他人做——或者不做——某些事情。

社会系统本身会影响我们作为参与者的思维、感觉和行为。它能够做到这一点,不仅通过社会化的一般过程,也通过在社会情境中设置最小阻力路径。在任何时刻,我们可以做的事情几乎是无限多的;但我们通常不会意识到这一点,只看到很小范围的可能性。范围的大小取决于我们所处的系统。

例如,在玩《大富翁》的时候,我**可以**随时从银行里拿钱。或者如果我喜欢的人站在我拥有的地产上,我**可以**放他一马,不收租金;但如果我不喜欢的人站在那里,我会很高兴地收租金。但大家可能会反对,说我"不公平"或者不遵守规则。我不希望大家生我的气或者把我踢出游戏,所以即使我不乐意，我也会倾向于遵守规则。因此，我通常会遵循最小阻力路径——在特定的系统中和我占据相同位置的人都会看到这条路径。

所以，尽管觉得不舒服，但人们还是可能因种族主义笑话或同性恋笑话而发笑——因为在这种情况下，不笑有可能被其他所有人排斥，这可能会让他们感觉**更**不舒服。最容易的——尽管不一定轻松——选择就是随大流。这并不意味着我们**必须**随大流，或者我们**愿意**随大流，只是随大流的阻力比不随大流要小。

在其他情境中，最小阻力路径可能看起来完全不同，放朋友一马或者反对种族主义笑话可能被认为是我们的义务。例如，我应该尽我所能去帮助我的孩子，这是家庭系统中的亲子关系的最小阻力路径（也许，在我们玩《大富翁》游戏的时候除外）。然而，我绝不希望我的女儿或儿子成为我班上的学生，因为那样我就必须在两种不同系统的相互冲突的最小阻力路径之间做选择。作为老师，我应该一视同仁地对待学生；而作为父亲，我应该优先照顾自己的孩子。一个系统中的"最小阻力路径"，在另一个系统中变成了"较大阻力路径"，这就产生了社会学家所说的"角色冲突"。[1]

如图1所示，社会系统和人通过一种动态关系联系在一起。人有意或无意地成了系统发生的原因，系统包含了影响

---

[1] 关于角色冲突概念的更多信息，参见 Erving Goffman, *Encounters*, Bobbs-Merrill, 1961; Robert K. Merton, *Social Theory and Social Structure*（增订版）, Free Press, 1968; David A. Snow、Leon Anderson, "Identity Work among the Homeless: The Verbal Construction and Avowal of Personal Identities", *American Journal of Sociology* 第92卷，1987年第6期，第1336—1371页。

社会系统

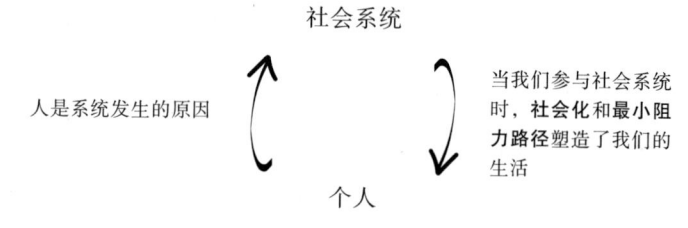

人是系统发生的原因　　　　　　　当我们参与社会系统时，**社会化**和**最小阻力路径**塑造了我们的生活

个人

图1　个人与社会系统：一种动态关系

人们如何参与的最小阻力路径。无论是人还是系统，都不能脱离对方而存在，也都不能还原**为**对方。我生活的复杂性不是我所参与的社会系统的可预测的产物，社会系统也不是我和其他人生活的累加。

所有这一切的结果就是社会生活的模式以及对人类、系统本身和世界造成的影响——简而言之，这个结果涵盖了人类事务中大部分重要的内容，也涵盖了地球和受人类生活方式影响的其他物种。如果能确定一个系统的组织方式，我们就可以看到当人们遵循最小阻力路径时可能会有什么结果。例如，我们只需要阅读游戏规则就可以知道《大富翁》游戏的走向。我们不需要了解玩游戏的个人，只需要知道他们中的大多数会在大多数时候遵循最小阻力路径。

我们总是参与比自身更大的东西，这个想法从表面上看似乎很简单。但就像其他的貌似很简单的想法，它可以改变我们如何看待世界，也可以改变我们如何看待自身。

个人主义模型失效了

社会学实践最重要的基础可能是，个人主义视角是错误的，而它主导着目前关于社会生活的思考。我们做的或经历的每一件事，都与某种社会背景有关。例如，当妻子和丈夫争论谁应该打扫浴室，或者当他们都外出工作时谁来照顾生病的孩子，这些问题从来都不是他们两个人的问题——尽管当时看上去是这么回事。我们必须探究某件事情发生的更大的背景。

例如，我们可能会问，这种情况是否与重男轻女的社会组织方式有关，即在一定程度上，男性不觉得自己有义务平分家务，他们认为自己是在选择"帮忙"。在个人层面上，丈夫可能认为妻子抱怨个没完，而妻子可能认为丈夫是自私的浑蛋。但事情绝没有这么简单，因为双方可能都忽略了，在一个不同的社会中，双方可能都觉得有义务照顾家庭和孩子，因而一开始就不会发生这样的争吵。

类似地，当我们把自己看成我们所在家庭的独特产物，我们就忽略了每个家庭如何与更大的模式联系在一起。例如，我们作为个体所面临的感情问题并不仅仅源于我们有怎样的父母，因为他们在社会系统中（在工作中、在社区中、在宗教中、在整个社会中）的参与塑造了他们作为人的形象，包括他们作为母亲和父亲的角色。个人主义模型具有误导性，因为它鼓励我们从一个过于狭隘的角度解释人类的行为和经验，以至于忽略了大多数正在发生的事情。

与此相关的一个问题是，我们不能只通过观察个人来理解社会系统中发生的事情。例如，在某种意义上，自杀是个人的单独行为，通常发生在一个人独处的时候。[1] 如果问人们为什么要自杀，我们很可能首先想到的是人们自杀时的感觉——绝望、沮丧、内疚、孤独；或者士兵和自杀式炸弹袭击者出于荣誉、责任、忠诚或宗教信仰的要求，为了别人或自己认为的更大利益而牺牲自己。这或许可以解释孤立的自杀事件，但如果把某一年社会中发生的所有自杀事件加起来，我们得到了什么？这些数字告诉了我们什么，更重要的是，它们与什么有关？这是社会学的创始人之一、伟大的法国社会学家埃米尔·涂尔干在他的经典著作《自杀论》(Suicide)中提出的问题。

例如，在2010年美国的全部人口中，每10万人中有12人自杀。如果我们仔细观察这个数字，会发现男性的自杀率是20/10万，而女性的自杀率只有5/10万。在不同的种族、不同的国家和不同的时间，自杀率也有很大的差异。例如，美国白人的自杀率高于其他任何种族群体，是黑人和拉丁裔的两倍多，比印第安人的自杀率高30%。在所有主要群体中，白人男性的自杀率最高。

不同的国家之间也有差异。例如，美国的自杀率是12/10万，匈牙利是22/10万，意大利仅为6/10万。所以，美国的男性和白人自杀的可能性远远高于女性和黑人；美国人自杀的可能性是意大利人的两倍，但只有匈牙利人的一半。[2]

---

[1] 有关自杀原因的调查结果的全面总结，参见 David Lester，*Why People Kill Themselves*（第四版），Charles C. Thomas，2000。

[2] World Health Organization，Suicide Prevention Programs，2007年1月，链接：www.who.int/mental_health/prevention/suicide/country_reports/en/index.html；American Foundation for Suicide Prevention，2013年，链接：www.afsp.org/understanding-suicide/facts-and-figures。

如果用个人主义模型解释这种差别，我们往往会认为这不过是个人自杀的总和。如果男性更有可能自杀，那一定是因为男性更容易感受到与自杀行为有关的情绪状态。换句话说，导致个人自杀的心理因素，在男性中比在女性中更普遍，在美国人中比在意大利人中更普遍。这种推理并没有错。就目前情况而言，它可能完全正确；但这正是问题所在——它还不够深入。它无法回答究竟**为什么**会存在这些差别。

例如，为什么男性比女性——或者匈牙利人比意大利人——更容易感受到致命的绝望和沮丧？或者，为什么同样感受到致命的沮丧，匈牙利人比意大利人更有可能自杀？要回答这些问题，我们需要的不仅仅是个体心理学的解释。我们还需要关注一个事实："女性""白人""意大利人"等词语代表了人们在社会系统中占据的位置。认识到这一事实，人们会更加关注系统的运作方式，以及在涉及最小阻力路径的时候，占据这些位置意味着什么。

从社会学上讲，自杀率这个数字描述的是一个群体或一个社会，而不是属于该群体或该社会的个人。自杀率为12/10万，并不能说明你、我、他的情况。在具体的某一年，我们中的每一个人要么自杀了，要么没有自杀，自杀率无法告诉我们谁自杀或没自杀。同样，个人在自杀前的感受也不足以解释为什么某些群体或社会的自杀率高于其他群体或社会。个人会感到沮丧或孤独，但群体和社会没有任何感觉。例如，我们可能认为意大利人比美国人更不容易沮丧，或者美国人能比匈牙利人更有效地处理沮丧的感受。然而，说美国比意大利更沮丧或者孤独，这是毫无意义的。

观察个人的心理过程可以解释一个人为什么自杀，但它不能解释社会系统中的自杀**模式**。要解释系统的模式，我们必须考察人们**关于**系统的感受和行为，以及这些系统是如何运作的。举个例子，我们需要问，以何种方式组织社会，才能鼓励参与其中的人体验各种心理状态，或者以自杀或非自杀的方式对社会系统做出反应。我们需要看到，属于特定的社会类别这个事实如何塑造人们在参与社会生活时的体验，以及这种参与如何限制他们自以为的选择范围。是什么让男性或白人的自杀成为一条最小阻力路径？

换句话说，我们如何才能深入社会学实践的核心，去探究人们如何参与比自身更大的东西，以及这如何影响他们的行为？人与系统之间的关系会影响自杀率或我们所做的和体验的几乎所有事情，从性爱、上班到死亡，而我们如何才能看到这种关系？

我们不能只观察个人来判断系统发生了什么，同样地，我们也不能只观察系统来判断个人发生了什么。观察作为整体的系统，或者观察参与系统的人，这两种视角看到的东西是不一样的。例如，我们看到战争和恐怖主义经常造成巨大的破坏和痛苦，个人主义模型表明，这直接关系到参与其中的那类人。如果战争和恐怖主义导致虐待、流血、侵略和征服，那么参与这些活动的人一定是残忍、嗜血、好斗、想要征服和统治他人的人。看到战争和恐怖主义通常会留下的屠杀和破坏，我们可能会问："什么样的人能做出这种事情？"

但从社会学的角度看，这个问题具有误导性，因为它把一种社会现象简化为一个简单的"什么样的人"的问题，而没有考虑到这些人参与的系统。我们总是参与到某个系统中，所以当有人驾驶飞机撞向大楼，或者投掷一枚把数千人烧成灰烬的炸弹，仅仅通过问"什么样的人能做出这种事情"，是无法解释这种行为的。

事实上，如果考察我们知道的那些参加过战争的人，我们会发现他们按照大多数标准来看都很正常，既不嗜血，也不残忍。[1]在大多数人的描述中，战斗的经历是在极端无聊和极端恐惧之间来回交替。比起荣誉，士兵更关心的是不受伤或者不被杀，希望自己和战友能够安然无恙地回家。对大多数士兵来说，杀戮和几乎持续不断的死亡危险是创伤体验，永远地改变了他们。他们参战不是为了应对一些内在的侵略和杀戮需求，而是因为他们认为参战是一种责任；或者他们认为参军是服务国家的一种方式；或者他们把书本和电影里刻画的战争视为一种证明男子气概的冒险（这不仅适用于男性，也适用于女性）；或者他们担心自己不符合爱国者的标准而被家人和朋友排斥；或者他们害怕拒绝应征入伍而被送进监狱。

人不等于系统，系统也不等于人。也就是说，社会生活可以产生可怕的或美好的后果，但并不意味着参与其中的人一定是可怕的或美好的。好人参与的系统常常产生不好的后果。我经常在最简单的情境中意识到这一点，比如在我买衣服、食物或电子产品的时候。举个例子，在美国销售的许多服装来自血汗工厂，有些工厂在美国，但大多数在印度尼西亚和泰国等非工业化国家，那里人们的工作条件在许多方面与奴隶制类似，或者工资低到几乎无法维持生活。同样，杂货店

---

[1] 参见 David Grossman, *On Killing: The Psychological Cost of Learning to Kill in War and Society*（修订版），Back Bay Books，2009。

里出售的许多水果和蔬菜都由移民的农场工人收割,他们的工作条件也好不到哪里去。2012年,为苹果公司生产 iPad 和 iPhone 的中国工厂曝光了令人震惊的工人待遇。如果为这些工人提供体面的就业条件,支付能够维持生活的工资,衣服、食物和电子产品的价格将显著提高。这意味着我从成千上万,甚至成百上千万人的日常虐待和剥削中受益。我从中受益,并不意味着我是坏人;但我参与了该系统,这确实使我卷入了后面发生的事情。

与我们有关,也与我们无关

我们总是参与比自身更大的东西,社会生活源于这样的关系——如果我们从这样的观点出发,就必须考虑到,我们都被卷入了(即便是间接地)由此产生的社会后果,既包括好的后果,也包括坏的后果。很明显,如果我参与一个种族主义的社会——无论我是什么种族——那么我就被卷入了白人特权和对有色人种的压迫。

作为个人,我可能不会有种族主义的感觉或行为,我内心甚至可能憎恨种族主义,但这不影响社会学的核心理念:因为我参与了社会本身,所以我以某种方式被**卷入**其中。[1] 举个例子,如果人们注意到我是白人,最小阻力路径使他们更认真地对待我的言论或写作,那么我很可能从种族主义中获益——无论我是否意识到了这一点。在这个过程中,我无意

---

[1] 关于更多的以这种视角看待种族主义的讨论,参见 David T. Wellman, *Portraits of White Racism*(第二版),Cambridge University Press,2012。

中参与了种族主义。这就提出了问题：社会是如何运作的，**以及**我要如何参与其中——我是积极地捍卫白人特权，还是让人们知道我反对种族主义，还是若无其事地做自己的事情，假装一开始就不存在问题。

从这个角度看，用"种族主义的"（racist）和"种族主义"（racism）这两个词描述个人的性格是不合理的，因为延续特权和压迫的最重要因素是社会系统的组织方式，包括它们为参与者（无论是什么样的人）设置的最小阻力路径。

社会学家戴维·威尔曼在他的著作《白人种族主义画像》（*Portraits of White Racism*）中认为，"种族主义"应该指代造成延续白人特权之**后果**的任何事情，而造成这种后果的人的意图或性格并不重要。例如，大多数人认为，让孩子在自己的社区上学是一件好事。然而，由于住房中普遍存在的种族隔离，这种政策有可能会延续学校中的种族隔离。大量的证据表明，这对任何种族的学生都不利，但对有色人种的儿童伤害更深。那些倡导社区学校的人经常抗议说，他们的立场与种族无关，这可能是他们作为个人的真实意图。但这项政策的**后果**，与种族、白人特权的延续以及该特权导致的对有色人种的压迫有很大关系。

弄清楚个人和社会系统之间的关系，可以极大地改变我们如何看待可能令人痛苦的问题，以及我们如何看待自己与这些问题的关系。对特权群体来说尤其如此，否则他们就不愿意审视特权的本质和后果。他们的防卫性阻抗可能是结束特权和压迫的最大障碍。在大多数时候，阻抗之所以发生，是因为特权群体和其他人一样，被困在个人主义的世界模型中，不知道如何在不感到内疚的情况下，承认白人特权是社会生活的一个事实。而最有可能感到内疚的人，往往是那些最愿意通过行动改善现状的人。

然而，当我们从社会学的视角考察种族主义这样的问题时，我们可以看到，种族主义既与我们有关，也与我们无关。它与我们无关，是因为我们生活的种族主义社会，并不是由我们创造的。例如，当我是一个白人小孩的时候，没有人问过我，白人是否可以用《阿莫斯和安迪》来取笑黑人，使他们处于白人特权的压迫之下。如果他们问过我，我很怀疑作为一个小孩子，我是否有足够的知识来反对。从这个意义上说，在种族主义环境中成长的白人，当听到人们对白人种族主义的存在及其造成的伤害和痛苦表达愤怒时，没有理由感到内疚。

然而，种族主义也与我个人有关，因为无论我是否意识到，我总是在选择如何参与这样一个社会：它以种族主义的方式组织起来，延续白人特权的行为是一条最小阻力路径。无论我的行为如何，作为一个白人，我有资格享受以牺牲其他种族为代价的特权。正如哈里·布罗德所说：

> 我们需要明确的是，不存在放弃特权以身处系统"之外"。人总是在系统**之内**。唯一的问题是，人是否以挑战或加强现状的方式成为系统的一部分。特权不是我**要**的东西，因此也不是我可以选择**不要**的东西。特权是社会**给**我的东西，除非改变给我特权的制度，否则社会将继续给我特权，而我将继续**有**特权，无论我的意图多么高尚和平等。[1]

---

[1] Harry Brod, "Work Clothes and Leisure Suits: The Class Basis and Bias（转下页）

白人特权已经成为社会系统的一部分，我不需要喜欢它或者相信它，甚至不需要做任何事情，就可以获得这项特权。当我去商场购物时，售货员和商场保安不会像跟小偷一样跟着我。他们不会突然冲过来，尖刻地问："需要我帮忙吗？"就好像我是一个可疑的人物，而不是一位正经的顾客。但这种待遇经常发生在有色人种身上，而且通常与他们的衣着好坏和花钱多少无关。[1]

大多数人都会同意，每个人都应该得到尊严和尊重；但只有属于特定社会类别的部分人得到了，于是一个压迫性的特权系统开始生效。无论我喜不喜欢，作为一个白人，我都会从中受益，因为我得到了一些别人无法获得的有价值的东西。一旦我明白了这一点，就很难不去质问：我是如何参与产生这种后果的系统的。我对此负有什么责任？我可以做什么事情来改变现状？我怎样才能成为种族主义解决方案的一部分，而不仅仅是问题的一部分？

换句话说，社会学实践让我意识到我被卷入了比自身更大的东西，从而让我不再感到内疚和自责，因为这个世界并

（接上页）of the Men's Movement", Michael S. Kimmel、Michael A. Messner 编, *Men's Lives*, Macmillan, 1989, 第 280 页。强调为原文所加。

[1] 例如，参见 Michele Alexander, *The New Jim Crow*, New Press, 2012; Ellis Cose, *The Rage of a Privileged Class*, HarperCollins, 1993; Joe R. Feagin, "The Continuing Significance of Race: Antiblack Discrimination in Public Places", *American Sociological Review* 第 56 卷, 1991 第 1 期, 第 101—116 页; Joe R. Feagin、Melvin P. Sikes, *Living with Racism: The Black Middle-Class Experience*, Beacon Press, 1994。亦可参见 Eduardo Bonilla-Silva, *Racism without Racists: Color-Blind Racism and the Persistence of Racial Inequality in the United States*（第三版）, Rowman and Littlefield, 2009; Eduardo Bonilla-Silva, *White Supremacy and Racism in the Post–Civil Rights Era*, Lynne Rienner, 2001。

不是我创造的，也不是我的错。但与此同时，它让我意识到，我可以选择如何参与到这个世界中，这些选择有多重要，以及为什么重要。我没有理由仅仅因为我是白人而感到内疚，但也没有理由认为种族主义和白人特权与我无关。[1]

个人解决方案不能解决社会问题

如果社会生活的形态植根于人和他们参与的社会系统之间的关系，那么这些关系也决定了社会问题能否得到解决。个人解决方案是个人的和个体的解决方案，如果不改变人们向外参与社会系统的方式，个人解决方案就无法解决社会问题。个人主义模型鼓励我们认为，如果有足够多的个人发生变化，系统也会发生变化。但社会学视角说明了为什么变化没有那么简单。问题在于，社会生活不仅仅是个人的特征和行为的产物，因为这些特征和行为也源自他们在社会系统中的参与。在这个意义上，社会生活取决于人们如何通过社会关系的结构相互联系。要改变系统，必须改变关系。

个人主义模型在实践中也行不通，因为个人解决方案主要来自我们自己的个人需求，而把注意力集中在个人需求上是一条最小阻力路径。一旦找到了个人问题的解决方案，我们完成了自己的目标，就很有可能把更大的问题抛在脑后，而不是致力于帮助他人改善现状。

---

[1] 关于白人如何在个人层面上更多地意识到他们与种族主义社会的关联，一些有益的观点参见 Allan G. Johnson, *Privilege, Power, and Difference*（第二版），McGraw-Hill, 2005; Paul Kivel, *Uprooting Racism: How White People Can Work for Racial Justice*（第三版），New Society, 2011。

例如，在美国，个人解决方案是对经济危机的典型反应，正如我们在2008年金融危机后所看到的，这似乎是许多资本主义社会中绝大多数人的一种生活方式。最小阻力路径努力在一个不安全的系统中建立自己的私人安全区域，抓住我们拥有的，让其他人自谋生路；而不是停下来追问经济系统本身如何让我们感觉不安全。

毫不奇怪，这一策略并没有降低整个社会的危机和贫困——换句话说，它并没有解决这些**社会**问题。相反，它把人们推入和推出不同程度的幸福和安全，就像"抢椅子"游戏：只要我自己有一把椅子，为什么要质疑没有足够多的椅子呢？

社会学实践采用更复杂的模型，这些模型同时关注社会生活的几个不同层面。以污染问题为例，世界上越来越多的社区不得不应对这一问题。假设你镇上的人开始生病。大量的儿童没有去上学，当地诊所和医院的急诊室挤满了病人，他们深受化学毒素的毒害。

在纯粹的个人层面上，我们可以说已经找到了人们生病的原因。要从个人的角度解决问题，我们可以治疗每一位病人，直到他们康复；我们可以改变人们的行为，这样他们就不会再次生病。如果有毒的化学物质来自自来水，那就不要喝这种水，用瓶装水代替。对于这个问题，现在每个人都有了一个解决方案，当然前提是他们负担得起喝瓶装水或者在家里安装昂贵的过滤系统。很有可能，在大多数社区中，有些人能够负担得起个人主义的解决方案，但有些人负担不起，这意味着有些人仍然会生病。当然，我们可以规定某种集体责任，通过为穷人购买瓶装水提供补贴来应对这种不平等。但是请注意，我们仍然不会对水污染的根本问题采取任何行动。

我们原本可以找到一种方法，让个人不受影响地喝水。

要把这个问题上升到社会学层面，我们必须追问社会系统是什么，以及人们如何参与其中。到目前为止，我们还没有说过人们生病是一个系统性问题。人们被告知要改变他们的个人行为，不要喝自来水。但没有人说过，发生更大事情的可能性需要改变他们参与的系统。

假设我们从每个水龙头追踪毒素，最后到达了当地的水库。我们从水库追踪到周围的土壤和一条小溪，然后从小溪追踪到当地的一家化工厂——这家工厂雇了很多镇子上的人。关于人们为什么会生病，现在我们有了另一种解释，也有了另一种解决方案：让工厂停止倾倒污染城镇供水的化学废物。

然而，假设经营化工厂的人说他们不能这样做，因为成本太高，而且他们所在行业的竞争非常激烈，他们将不得不关闭工厂，搬到一个人们不那么关心水污染的地方。如果工厂主关闭工厂，许多当地人将失去工作，其影响也会波及整个城镇，因为有钱消费和纳税的人会越来越少，无法支持学校和其他服务。

人们为什么生病？现在这个问题已经不仅仅是工厂如何运转的问题。这个问题还涉及工厂作为一个整体参与的更大的系统，也涉及工厂在依赖它提供工作的社区中的强势位置。经济系统的本质——竞争性的全球资本主义——塑造了工厂主的选择，从而影响了饮用水的质量。这种经济系统伴随着权力和财富的不平等分配，以及一些文化价值观：追求利润的欲望，对私有财产做任何事情的权利，甚至包括将有毒废物倾倒在他们拥有的土地上，或者流经他们地产的河流里。最终，小镇可能必须正视工厂对居民生活的影响，在两种强大的相互矛盾的价值中做出选择——社区和社会应该如何运作。

把问题上升到系统层面并不意味着我们忽略了个人。这不是非此即彼的问题，因为社会学实践看待社会生活的视角是系统**和**人对系统的参与。人们经常错误地把问题归咎于社会，或者错误地把问题归咎于个人。但社会生活不是这样的。社会**或**个人的选择从来都不是简单的"非此即彼"，因为社会和个人只存在于相互关系中。社会学实践的难题在于了解这种关系是如何运作的。如果对此毫无了解，我们就会在两种行为之间犹豫不决：要么假装个人不参与创造社会问题，要么假装人们的行为发生在社会真空中，不受所处社会的影响。

还有第三个选项：不是非此即彼，而是两者兼得。如果人们不在某一点上做出改变，那么系统就不会发生改变，而任何系统的改变都不能只通过个人的改变达成。

更复杂，也更有趣

"系统"和"个人"的语言使事情看起来比实际情况更简单、更清晰。它鼓励我们把系统看成某种东西，看成人们必须适应的刚性模型。在某种程度上，我们可以识别系统这种东西的特征，比如权力的分配，或者规则，或者人们作为参与者占据的物质环境或位置。例如，"学校"一词会让人在脑海中浮现出一些可以预见的画面：摆放着成排桌椅的教室、自助食堂、体育馆、图书馆、计算机房、学生、老师、摆着储物柜的走廊、定时响起的铃声、校规、成绩、老师管辖学生、行政人员管辖老师、学期、假期、教学、学习、毕业。这种我们称之为"学校"的东西在我们的脑海中有相对固定的形象，因此我们可以把它当成某种"东西"来体验。

换句话说，我们可以把学校看作外在于我们的某种东西，学校是一个"它"，而不是一个"我"或一个"我们"。人们在"它"中上学或工作，但人不等于它，它也不等于人。如此说来，学校就像是装在盒子里的《大富翁》游戏。人们把它拿出来（去学校），玩一会儿（教学、学习、管理），然后收起来（放学回家）。这就是它的本质，或者我们可以这么认为。

但社会生活比这更复杂，也更有趣，因为在很多方面，社会系统并不是什么**东西**。每一个社会系统都是一个持续的过程。社会系统不断地被创造和再创造，因为人**做**的一些事情使系统**发生**。我们对"学校"的联想不过是纸上的文字和脑海中的图像，直到人们真正参与到作为一个系统的学校中。当他们这样做的时候，一些熟悉的模式决定了事情的发展，但随着人们对自己如何参与各执一词，这些模式也有巨大的变化。"它"永远不会以完全相同的方式发生两次，因为我们所说的"学校"，既涉及"学校作为一种社会系统"的观念引起的所有联想，也涉及人们所做的事情。

但我们可能不会意识到，在任何时刻，身处一所学校里的任何人，都可以做一些意想不到的事情，从而影响学校在那个时间和地点发生的事情。我们可能对学校是什么有一个大致的理解，就像我们对《大富翁》游戏是什么有一个大致的理解。我们可以利用这种了解准确地预测某一所学校的某一天的一般模式。但有很多事情是我们无法预测的，因为在一个重要的意义上，"学校"发生的事情仅仅是它**实际**发生的事情。在这个意义上，学校就**是**人们认为自己"在学校"时所做的事情。

社会生活和社会学实践之所以既复杂又有趣，是因为这两种看待事物的方式都是正确的。例如，当我走进一间大学教室，和学生们坐在一起的时候，我能感受到学校的情境限制了我的选择范围。总的来说，我知道在那种情境下我应该做什么，因此，我也知道我不应该做什么。但我坐在那里，看着教室里的学生，空气中也弥漫着一种感觉："那么，今天我们要做什么？"我们都知道自己在学校里，这意味着很多事情不太可能发生；但我们也不知道**将会**发生什么，因为事情还没有发生。于是，我说了一些开场白，或者有个学生问了一个问题，或者他评价了自己读过的书，或者发生了其他的事情。事情就是这样开始的，随着"学校"不断展开，**这些**人每时每刻都在选择将如何通过**行动**参与这些系统。

如果想要解释那段时间发生了什么，仅仅把学校理解为一个系统是不够的，仅仅把教室里的人理解为个人也是不够的。所发生的事情取决于这**两者**——**既**取决于这些人所处的系统，**也**取决于他们选择如何参与其中。

使事情更复杂也更有趣的是，在一些重要方面，我们并非都处于相同的情境。在每一个社会系统中，我们都占据不同的社会位置，所以倾向于以不同的方式体验每一种情境。我们以不同的方式被它塑造，以不同的方式受到限制，因此倾向于以不同的方式参与其中。学校是什么，取决于你是学生还是老师，是女性还是男性，是亚裔美国人、印第安人、白人、墨西哥裔美国人还是非洲裔美国人，是老年人还是年轻人，是工人阶级、下层阶级、中产阶级还是上层阶级，是移民还是土著，是异性恋、双性恋、女同性恋、男同性恋还是跨性别者，是有残疾还是无残疾，是在职还是失业，是已婚还是单身，是有孩子还是没有孩子。这些特征以不同的方式把我们定位在与其他人以及与社会系统的关系中。当我们的参与使社会系统发生的时候，这些特征影响了我们如何看待自己和他人，他人如何看待我们，以及我们如何对待彼此。当我们说"我们总是参与比自身更大的东西"时，关键是要记住，"我们"不是一个同质的用语。社会生活中有很多个"我们"，社会学实践的一个重要部分就是观察这些"我们"如何影响所发生的事情。

进入实践

所有形式的社会学实践都是"社会学的"，因为它们来自同样的基本问题：人们参与了什么？他们是如何参与的？对这两个问题的研究可能并不平衡，有些研究更倾向于其中一个问题。例如，一项关于人们如何用语言改变他人对自己看法的研究，可能很少关注这种行为发生的社会系统。又或者，一项关于世界经济的研究，可能永远不会关注参与其中的人是如何互动的。但是，系统和人之间的关联永远存在，于是我们能够更深入地了解构成社会生活的网络，以及我们对它和我们自身的体验。尽管这本书的其余部分关注的是系统，但关于人们如何参与社会生活的问题从未远离，因为如果没有时时刻刻使社会系统发生的人，就不会有我们需要理解的社会生活，也没有人会以这样或那样的方式关心它。

接下来的三章提出了一种系统性的方法，思考是什么使一个系统具有独特的文化、结构和人口/生态特征。在阅读这些章节时，要记住几件事。首先，我从来没有找到一种清晰而连贯的方式一次性地描述这种方法。我发现，在头脑中把它们分为若干个部分更容易——因此，本书在文化、结构和人口/生态方面有单独的章节。

这么做有一个问题：在现实中，这些部分并不是单独发生的，而是相互关联的。这类似于研究人体解剖学。举个例子，没有循环系统就没有神经系统，但解剖学教科书用单独的章节描述每个系统，仿佛每个系统都是独立存在的分离实体。在某种程度上，系统的独立和分离只发生在我们的思想中，因为神经、血管和身体完全是彼此相连的。我们可以发明一种思维方式，让我们把循环系统或神经系统**想象成**与其他事物无关的东西，但这只是一种手段，一种让事情更容易理解的学习工具。作为一种手段，以这种方式解释事物也会扭曲现实的本质，这是一个难题，我会尝试在本书的后面再加以解释。

划分章节的另一个问题是，必须有东西排在第一位，人们很容易根据话题出现的顺序推断出重要性的排序，比如"文化排在第一位，所以它一定是最重要的"。这种想法是错误的。我从文化开始，是因为作为一名作家和思想者，我非常沉迷于文字和符号，以及人类如何在头脑中建构现实。我对文化有一种特殊的亲切感，所以我从文化开始。但我一直知道，所有事物都是以复杂的方式相互关联的，这要求我们不仅要掌握部分，还要掌握整体，我们将在第七章讨论这一点。

第二章

文化：符号、观念和生活的材料

我坐在我的办公室（正好是我住的房子）里，在电脑上输入这些文字，这时我听到窗外传来了一阵轰隆隆的声音。我停下手头的工作，向外面望去，看到西方的天空正在变暗。从最狭隘的意义上讲，我说的"我听到"指的是发出"声音"的东西使空气运动。运动的空气撞击我的耳膜，使耳膜振动，耳朵里的一种复杂机制把振动转化为电脉冲。电脉冲进入我的大脑，然后大脑有了"听到"声音的体验。当我"看到"变暗的天空，其实就是光线进入我的眼睛，被转化为电脉冲，然后进入我的大脑，大脑把电脉冲转化为我感受到的视觉形象。当然，这个过程并没有到此为止，因为我的意识中几乎立刻闪现出一串词语："哎呀，雷声。"然后是更多的词语："楼上的窗户要进雨了。"我上楼，关了窗户。还有更多的词语："我最好关掉电脑，免得电脑被雷击。"我关掉电脑，拔掉插头，然后往窗外看。没有闪电，也没有下雨。西方的天空逐渐放晴。

"虚惊一场。"我对自己说，然后继续写作。

刚刚发生的事情说明了社会生活的一个基本方面，它使社会生活成为可能。我的身体有一系列的体验：振动撞击我的耳朵，光线进入我的眼睛，电脉冲进入我的大脑。但我并没有就此止步，因为我用词语理解振动和光线。我称它们为轰隆隆的"雷声"和黑暗天空中的"雨云"，在我的脑海里，它们变成了即将到来的雷电和雷雨。这些感知并没有使我做任何事情。我**回应**的是这些词语和它们对我的意义。

当我用词语表达我听到的和看到的东西时，我在身体感觉之上建构了一个现实。我开始思考**可能**发生的事情，尽管当时并没有发生。"雷雨"只发生在我的想象中，只发生在词语中，我用这些词语思考它和它可能造成的破坏。我的行为完全基于我的想法。如果我使用不同的词语——比如，"诸神发怒了，他们是在对我发怒"——那么我的行为会大不相同。

我们倾向于认为，我们生活在"真实的"世界中。当我听到轰隆隆的声音，当我想到"雷声"这个词，那一刻我并不会觉得我被卷入了一个创造过程。我没有意识到我正在**选择**一个词语，并用它给这个声音附加一个特殊的含义。相反，我表现得仿佛词语和声音是同一件事——也就是说，声音就**是**"雷声"。

换句话说，对我而言真正重要的现实并不是声音本身（撞击我耳膜的运动的空气），而是我用于描述现实并使之有意义的词语和观念。这个现实是我头脑里的东西。如果我用不同的词语描述那个声音——比如说，"自杀式炸弹袭击者"——我会创造出一个不同的现实。我并不是说我在称呼它的时候创造了那个声音。声音永远是那个声音。我所建构的是我认为的声音的**含义**,以及它对我来说所**是**的东西,并且我用词语来做到这一点。

那些促使我做一件事而不做另一件事的词语,以及伴随着词语的观念,我是从哪里获得的呢?答案是,我所参与的社会有一种**文化**,这种文化包含了人们用于命名和解释自身经历的词语和观念。如果我生活在不同的社会和不同的文化中,我可能会把这种声音与超自然的存在联系起来,而不仅仅是"天气"。但我没有生活在另一个社会,所以我不会那么想。

人类最了不起的一点,就是我们有能力利用文化创造我们实际生活的世界,从无到有地构建我们的世界。我们所认为的大部分现实,构成它的并不是事物"现实的"样子,而是人们发展出来的**有关**事物的观念,即他们**认为**的事物的样子。文化把所有这些观念集合在一起。文化是我们理解事物(包括我们自身)所需的工具。

建构现实

每一个社会系统都有一种文化。一个大学班级有一种文化。互联网也是如此,加拿大也是如此。文化主要由符号(尤其是语言中的词语)和各种各样的观念组成,这些符号和观念塑造了我们对一切事物的看法,从人际关系到生活的意义。文化也包括音乐、艺术、舞蹈和宗教仪式等活动。文化包括我们如何塑造周围的物质世界,比如用沙子制造计算机芯片中的硅、建造城市、在熟悉的花园中布置花草。文化既是物质的(社会生活的物质"材料"),也是非物质的(我们用来思考并赋予一切事物意义的符号和观念)。

符号使文化成为可能,因为我们用符号赋予事物超越其原本含义的意义。我们用符号搭建句子,用句子搭建如下观念:"雷声意味着暴雨即将来临"或"资本主义是世界上最好的经济系统"。在最简单的意义上,当我们给某样东西起了名字——比如"雷声"——我们就与它建立了一种关系。如果不给它起名字,我们通常不会注意到它,也不会生活在与它的关系中。因为它不重要[1]。例如,当我们把天空中的一个光点称为"星星"时,我们使它成为文化现实的一部分。在这个意义上,是我们让它变得真实,否则它就不会如此,尽管那个光点仍然存在于天空中。

人类这个物种错过了周围的大部分事物,因为它们太多了,我们只可能关注其中的很小一部分。我们用符号命名事物,以此来集中我们的注意力,建构一个我们生活其中的现实。正如哲学家苏珊·朗格所言,使用符号建构现实是我们之所以为人的核心:

> 对一个人来说,只有一小部分的现实是真实发生的;更大的现实是与他眼前的景象和声音有关的想象……这意味着他的世界比他周围的刺激更大,而衡量这个世界的尺度是他连贯而稳定的想象力所能达到的范围。动物的环境由作用于他感官的事物构成……他生活的世界不是由连续的空间和时间构成,即使他不在场或不感兴趣,这个世界也充满了事件;他的"世界"是零碎的和断续

---

[1] 原文是"It doesn't 'matter'"。此处有双关,字面意思也可以理解为:它算不上某种"东西"。——译者注

的，随着他的活动而产生和消解。一个人的世界是紧密相连的，世界上的事件也是彼此接合的；无论它们的联系多么迂回，但在时间和空间的大框架之内，联系永远存在……**世界**是属人的世界。[1]

在进一步讨论之前，请注意朗格在这篇文章里使用的人称代词。凡是关于人类的代词，她用的都是阳性的"他"（包括"he"、"him"和"his"）。她从来不用表示阴性的代词，也不用中性代词"Ta"（"they"和"them"）[2]。想象一下，假设她的这段话是这样写的：

> 对一个人来说，只有一小部分的现实是真实发生的；更大的现实是与Ta眼前的景象和声音有关的想象……这意味着Ta的世界比Ta周围的刺激更大，而衡量这个世界的尺度是Ta连贯而稳定的想象力所能达到的范围。动物的环境由作用于动物感官的事物构成……动物生活的世界不是由连续的空间和时间构成，即使Ta不在场或不感兴趣，这个世界也充满了事件；Ta的"世界"是零碎的和断续的，随着Ta的活动而产生和消解。一个人的世界是紧密相连的，世界上的事件也是彼此接合的；无论

---

[1] Susanne K. Langer, "The Growing Center of Knowledge", *Philosophical Sketches*, Johns Hopkins University Press, 1962, 第145—147页。强调为原文所加。

[2] 在英语中，"they""them""their"既是第三人称复数代词，也是表示中性的第三人称单数代词，这种用法在早期的英语中很流行，但逐渐被阳性的"he""him""his"取代。中性的第三人称单数代词在中文里没有对应的词，本段中暂时用"Ta"表示。——译者注

它们的联系多么迂回，但在时间和空间的大框架之内，联系永远存在……**世界**是属人的世界。

在第一个版本中，通过将"人类"等同于"男性"，男人被明确地包含在内，而女人被排除在外。既然我们用词语建构现实，那么这些词语帮助建构了怎样的现实？它们建构了这样的一个世界：男人和他们的行为是关注的中心（男性中心）；男人被当作衡量和评判"人类"的标准（男性认同）；女人相对来说是隐形的，因而是贬值的和从属的（男性主导）。作为男性，我很容易在第一个版本中看到自己；但女性要想从中看到自己，她必须进行一个心理上的飞跃，从明显的阳性代词跳到这么一个想法："嗯，它指的是一般意义上的人，也包括我，因为我是一个人。"作为男性，我不需要那些心理活动就可以把自己定位在所谓的"人类"中，这种轻而易举是父权制世界中的男性特权的一部分。

不要急于批评朗格对语言的使用，重要的是需要注意，朗格的这篇文章写于1962年，当时的社会文化几乎无法让她意识到自己在做什么。她对语言的使用和周围的大多数人相同，她在散文中创造了一种现实，这种现实非常符合她生活和写作的社会的现实，在那个社会中，男性特权对女性的压迫在日常生活中扮演了重要的角色。当然，男性特权一直存在，而且牢固地存在，但是在朗格写下这段话以后，各种妇女运动已经成功地改变了政治格局和权力分配，足以加深人们对性别发展动态的意识。因此，朗格在1962年写作时"看到"的东西，和我现在读到她的文字时"看到"的东西，两者是不同的，后者才是她和我的观点。

我们可以用语言建构各种各样的现实，包括我们无法通过感官体验到的现实。例如，我们可以闻到和摸到香蕉，但我们听不到、闻不到，也摸不到所谓的"爱"。我们可以看到别人如何对待我们，我们可能会把这种行为解释为那个人爱我，但这种行为本身并不是爱。我们认为这种行为**意味着**那个人爱我。我们所谓的"爱"，是我们认为的存在于视觉形象和听觉声音之下的东西。爱是关于他人如何看待我们、思考我们和感受我们——这些都是无法直接观察到的。一个人可以说，"我爱你"或"我深深地爱着你"，但这些词语并不是爱或爱意。它们是**关于**爱和爱意的语言。

我们用词语建构我们认为的现实——那个人爱我。最重要的是，我们表现得仿佛我们创造的东西非常真实，就像一把椅子或一架钢琴。尽管——或者说，因为——我们看不到也听不到这些词语代表的东西，我们可能会努力地让别人对我们说这句话，并且证明这些话的意思确实是它们表面的意思。

不同于爱，原子是科学家有朝一日或许能看到的东西，但即使他们看到了，对大多数人而言，除了"原子"这个词语应该代表的观念，原子并不存在。在这个词语被创造出来之前，我们现在所认为的原子对任何人来说都是不存在的。然而，现在对任何一个上过高中科学课的人来说，原子都是真实存在的——尽管我们从来没有真正地见过原子。我们看到的都是那些声称原子存在的人写的词语，这些词语足以建构我们所认为的现实。这是一个我现在看不见，以后也永远看不见的东西，但一个命名它的词语不知怎么地把我和它联系在一起。例如，我可以想象我的手是由原子构成的，也可以想象我的狗是由原子构成的。我们使用的所有词语都是如此，它们像一根纤细的长线，把我们连接到它们指向的和命名的任何东西。这些词语编织了一个现实，然后把我们和现实联系起来。

在这个意义上，符号的力量远远超越了命名事物——这是糖枫树，这是爱，这是爱因斯坦的相对论。我们也通过符号感觉自己与外在现实的联系。如果没有符号，我们"知道的"和经历的很多事情对我们来说就不存在了。除了视觉图像或气味等感官形式，我们将失去对所谓的"过去"的记忆。我们不会思考当下，也不会对所谓的"未来"感到好奇。

我们不仅会失去与自己过去经历的大部分联系，而且我们也无法共享他人的经历。这就是为什么许多社会有讲故事的传统，而另一些社会有记录历史的传统。例如，20世纪70年代，在我的社会学导论课上，我描述了1968年在芝加哥举行的民主党代表大会，目的是说明人们如何根据自己在社会系统中占据的位置，以不同的方式看待同一事件。芝加哥发生了大规模的反战示威，示威者和警察之间的对抗导致了混乱和暴力。我在电视直播中观看了事件的发展，在我看来，是警察攻击了非暴力的示威者，引发了骚乱和失控。但当我拿起次日的一份芝加哥报纸，头版头条报道了一场由反战示威者引起的暴乱，恪尽职守的勇敢警察平息了这场骚乱。[1]

在我执教的早期，我只需要提到1968年的民主党大会，我的学生就知道我在说什么。但时过境迁，有一天，我新班

---

[1] John Schultz、Todd Gitlin, *No One Was Killed: The Democratic National Convention, August, 1968*, University of Chicago Press, 2009。

级的学生只是茫然地坐在那里。他们不明白我在说什么,所以我只好给他们讲故事,用大量的词语把他们和他们经历之外的故事联系起来。我必须建构一些他们可以视为现实的东西,当然我也知道,某个芝加哥警察会给他们讲一个完全不同的故事。后来,如果有人提到1968年的民主党大会,我的学生就会说"我知道",尽管他们当时并不在场,甚至还没有出生。之前对他们来说不存在的事情,如今已经变得真实。只需要词语就可以做到。

信念:"一旦相信,就会看见"

每种文化的第一个目标都是提供一种方法,让人们知道什么被认为是真的,什么被认为是假的,这就是信念的意义。请注意"什么**被认为**是真的"和"什么**是**真的"之间的区别。因为在一种文化或一个历史时期被认为是真实的东西,在另一种文化或另一个历史时期可能被视为神话、幻想或宣传。例如,在基督教和犹太教中,上帝存在的观点显然是真的;但对于禅宗信徒、儒士和万物有灵论者,上帝的观念并不属于宗教生活或者其他任何东西。

在某种意义上,符号是最简单的信念陈述,因为字典里的每一条释义都在宣称某样东西是真实存在的。如果某样东西在字典里有对应的词语,我们就更有可能认为它是真实的。例如,就在一个世纪以前,没有人用"同性恋"这个词描述一类人,比如说"他是同性恋"。它被用来描述一种性行为,而不是表明一个人的社会认同。在这个意义上,同性恋是不存在的——尽管许多人都有过这样或那样的同性恋行为。以前的人们只看到性行为，而现在的人们更有可能把"男同性恋者""女同性恋者""双性恋者""异性恋者"视为不同类型的人。

这种变化并不是凭空产生的，而是伴随着社会关系的转变；在这种情况下，它是异性恋特权的基础——这种安排与男性特权密切相关。因此，现在人们看到的不同于当时人们看到的，因为今天性取向的文化真相迥异于当时性取向的文化真相。

我们根据信念来决定什么是真实的，这与"亲眼见到，才能相信"或者"眼见为实"之类的老话完全相反。更接近真实情况的表述可能是"一旦相信，就会看见"。

当我们用词语串联出更复杂的信念时，我们就塑造了这个世界和我们在其中的位置。举个例子，不同于许多印第安文化，典型的欧洲文化认为人类和动物完全不同。"自然世界"和其中发生的事情并不包括人类。鸟类筑巢是一种"自然的"行为，人类建造房屋却不是。这种区分完全是武断的，因为在这两种情况下，物种都是利用自己的自然能力制造适合自己的东西。事实上，我们用对握拇指[1]操纵锤子和钉子，或者用我们的大脑发明物理学和工程学，这些都是很自然的，与河狸啃食树干或者设计抵御洪水的巢穴并没有什么区别。

然而，在西方文化中，自然和人类是对立的——这是一种否认，使我们认为自己和其他生物是完全分开的。这种否认合理化了人类对自然世界其余部分的控制和剥削，并使我

---

[1] 对握拇指（opposable thumbs），能够轻松碰到其他手指指尖的大拇指。这使双手更灵活，可以完成制造工具等复杂任务。这主要是灵长目动物的特征。——译者注

们陷入了很多麻烦,因为它鼓励我们认为人类生活不是深深根植于环境、地球和自然循环中的。它鼓励我们认为自己凌驾于"自然法则"之上(因为我们不属于自然),并假设人类能够侥幸逃脱其他物种无法逃脱的事情。仿佛我们可以用化学物质和废弃物污染环境,破坏大气中的臭氧层,让大气中充满使全球温度升高的温室气体,耗竭土壤,砍伐森林,然后当我们周围的其他物种灭绝的时候,我们仍然能够繁荣地生存。由于这种傲慢,我们不仅危害了其他物种,也危害了人类自己。我们也许不**相信**人类是那种和鸟类一样服从自然"法则"的动物,但这种信念并不意味着人类能够躲避其他动物物种无法逃脱的后果。

多年前,W. I. 托马斯和多萝西·斯温·托马斯发表了经典的论述:当文化将某事物定义为真实,无论该事物是否真实,都会产生真实的后果。但我们也需要考虑罗伯特·K. 默顿的推论:无论我们是否将其定义为真实,真实之物都会产生后果。[1]

拥有一套文化信念可以让我们以一种理所当然的感觉生活,并认为我们存在的"事实"是显而易见的。然而,我们所说的"显而易见"并不一定是真实的。只有在特定的文化中,它才被认为是毋庸置疑的真实。如果没有显而易见的感觉,社会生活就失去了可预测性,我们就失去了安全感的基础。但这种显而易见也让我们忽略了,"显而易见"的真实也有可

---

[1] Robert K. Merton, "The Sociology of Social Problems", Robert K. Merton、Robert Nisbet 编, *Contemporary Social Problems*(第四版), Harcourt Brace Jovanovich, 1976, 第 22 页; W. I. Thomas、Dorothy Swain Thomas, *The Child in America*, Knopf, 1928, 第 572 页。

能是虚假的。

从这个意义上讲,当有人指责社会学家专注于显而易见的东西时,我就会很感动,感谢他们的认可和支持,因为需要**有人**关注那些我们假定是真实的东西。我们不知道的事情常常会让我们陷入麻烦,但我们眼皮子底下的事情,包括我们自**以为**知道但实际上不知道的事情,可能更严重。我们寄希望于它是真实的,为它辩护,而没有考虑到我们有可能错了。

例如,国家在政治上是民主的,资本主义的"自由企业"是民主的经济对等物——这在美国文化中是显而易见的。这些信念非常强大,以至于没有哪个政治家敢否认;他们知道,哪怕仅仅暗示资本主义可能存在根本性的错误,也无异于政治自杀。如果哪位政治家提出下面的观点,他就绝没有希望当选:在实践中,资本主义绝不是民主的,因为它把经济权力集中在少数人手中,企业主要,甚至只对少数人来说是"自由的"。[1] 质疑基本信念和神圣制度的政治家会面临"不忠诚"的批评,甚至被指控为异端社会主义者和共产主义者。这些批评主要来自大众传媒、企业领导、私人资助的智库以及其他的政客和政府官员,他们都希望维持现状(包括权力和财富的不平衡分配),因为任何挑战现状的行为都会激怒他们所依赖的上层阶级。2008年灾难性的金融危机揭示了金融行业

---

[1] 关于社会学对资本主义的批评,几乎出现在任何关于社会分层的文本中。例如,参见 Richard C. Edwards、Michael Reich、Thomas E. Weisskopf 编,*The Capitalist System*(第三版),Prentice-Hall,1986;Harold R. Kerbo,*Social Stratification and Inequality: Class Conflict in the United States*(第八版),McGraw-Hill,2011。亦可参见 Jerry Mander,*The Capitalism Papers: Fatal Flaws of an Obsolete System*,Counterpoint Press,2013;Richard D. Wolff,*Democracy at Work: A Cure for Capitalism*,Haymarket Books,2012。

高管的严重轻率行为和非法活动,但即使在这之后,上述说法仍然成立。

如果"民主等同于资本主义"的信念是错误的,或者它掩盖了困扰我们的问题的真相,那么"显而易见"这个受保护的神圣地位就成了一个陷阱,而我们就处在陷阱之中。

价值观、选择和冲突

在某种意义上,每一种文化观念都建立在某种信念之上,因为要思考某种东西,我们必须认为这种东西是存在的,哪怕只存在于我们的想象中。但是,许多文化观念超越了基本的事实问题,建构了一个更复杂的社会现实。文化价值观能做到这一点,是通过按照社会对事物的欲求程度——好与坏、更好与更坏、优与劣——对事物进行排序。[1]

例如,在许多文化中,教育的价值高于无知;诚实高于欺诈;利润高于亏损;善良高于残忍;清洁高于污秽;已婚高于单身;性爱高于禁欲;富有高于贫穷;异性恋高于男同性恋、女同性恋或双性恋;白人高于有色人种;男性高于女性;秩序高于失控。在每一种情况下,文化信念定义了什么东西会被比较和排序。我们必须知道我们所说的"教育"是什么意思,或者谁有资格成为"白人"或"异性恋者",而信念提供了答案。价值观则更进一步,凭借粗略的等级秩序,对社会生活的各个层面进行了纵向对比。换句话说,"异性恋"和"女同

---

[1] 参见 James L. Spates, "The Sociology of Values", *Annual Review of Sociology* 第 9 卷(1983),第 27—49 页。

性恋"的区别不仅仅在于我们认为它们是什么，因为文化价值观也认为其中一个优于另一个。

价值观在我们的生活中显得很重要，因为它提供了一种在看似相同的选项之间做出选择的方法。我们所做的几乎每一件事都涉及不同价值的选择，做这些选择太容易了，以至于我们完全没有意识到。我们每天都要决定穿什么衣服（或者穿不穿衣服）；是工作更长的时间来赚更多的钱，还是工作更短的时间来做更多别的事情；在高中毕业后立即找工作，还是继续上大学；要不要与我们喜欢的人发生性关系；当听到性别主义、种族主义和其他形式的压迫性发言时，我们要不要提出反对；夜晚的时候是读书、看电影还是上网；告诉朋友我的性取向，还是对他们保密；是否投票，以及投票给谁；堕胎还是生孩子；是否告诉朋友某个他们不愿意听的真相。从鸡毛蒜皮的小事到足以改变个人生活或国家命运的决定，我们总是在权衡相对价值，我们把这些价值视为选项，而文化价值观决定了我们如何选择。

价值观不仅影响我们选择这样做还是那样做，也影响我们如何理解与对待自己和他人。例如，我们的价值观把欧洲人排在拉丁美洲人之前，把男性排在女性之前，把健全人排在残疾人之前，人们在社会价值等级中被划到不同的位置。这个过程变成了特权和压迫的问题，而不再是看到人与人之间差异的问题。它还排斥、贬低和压迫一些人，同时包容、提拔和优待另一些人，从而对所有类别的人进行排序。这种排序的影响可能是巨大的，比如卢旺达、达尔富尔或波斯尼亚的种族清洗；也可能是微妙的，比如白人服务员让黑人顾客坐在厨房门边，而且再也不回来让他们点菜。但在每一种情况下，问题涉及的都是人类的尊严和价值，以及特权和压迫的系统模式的文化正当性。

就像文化的其他方面，价值观往往有一种"理所当然"的特质。我们认为价值观是现实的自然部分，而不是社会建构的**关于**现实的观念。我们会偏好自己重视的东西，这非常直接，非常容易，以至于我们假定特定的价值观是人类经验的普遍组成部分，以至于在任何时间或任何地方，人们都有这种感觉。有些偏好可能的确如此。即使是婴儿也喜欢温暖而不喜欢寒冷，喜欢舒适而不喜欢痛苦，喜欢吃饱而不喜欢挨饿。

但我们对事物的重视，大部分是在特定系统的文化中通过社会化**习得**的。要了解这一点，一个有效的方法是体验那些提倡不同价值的文化。举个例子，几年前，我去挪威探亲。我在奥斯陆待了几天，那里有在市内广泛运行的火车系统，并且向外延伸到周围的社区。我惊奇地发现，火车上没有售票员或检票员，车站和地铁站也没有办法确保人们买了票——没有闸门，没有旋转栅门，也没有售票亭。我看到人们登上列车，拿出一张多程票，然后插入一台机器；每次坐火车的时候，机器就会在上面打孔。我还看到有人在站台的机器上购买单程票，然后把票放在口袋里，因为没有人检票。

我无法想象美国的交通系统以这种方式运行，原因是这两个社会有非常不同的文化。挪威文化包含了这样的信念：火车系统本质上属于每一个人，如果人们逃票，火车系统就无法运行，所以大多数人会把买票视为自己的分内之事。相比确保逃票者受到惩罚，这种文化更加重视信任。相比不劳而获，它更加重视对社区的归属感，并尽自己的力量使社区运转起来。

然而，美国文化的信念是，如果能不劳而获，大多数人就不会付钱；相比培养社区意识和共同目标，人们认为不劳而获是更重要的。当然也有例外，特别是在较小的社区。比如在我居住的小镇上，夏天经常能看到路边摊上摆着水果和蔬菜，没有人收钱，只有一个打开的现金箱和一个列出价格的牌子。一些大学用学生荣誉守则替代监考官和其他形式的监管，防止学生作弊。在这两种情况下，都要做出关于如何组织系统的价值选择。我确信会有人拿走蔬菜而不付钱，会有学生作弊而逃脱了惩罚，这些行为违反了一些重要的价值。然而，在这种系统中，人们获得了更有价值的东西——能够在相互信任和尊重的氛围中生活和工作。如果我们永远假设每个人只要有机会就会作弊，那么就很难维持这种气氛。

我看到的其他文化越多，我就越能意识到，我自己的文化**只是**一种文化而已；我也就越能明白，事物不仅仅是它们**本身的样子**，也是我的文化赋予它们的样子。我还可以看到，我总是从我的文化提供的有限选项中做出选择。这表明我们从未有过真正的"自由"选择。正如哲学家阿图尔·叔本华指出的，在谈到价值的时候，"我们可以决定自己要做什么，但不能决定自己想要什么"[1]。

换句话说，当我认为自己想要一辆新车的时候，我并没有意识到这种想法与下面这种关于物质财富的文化价值有关——多优于少，新优于旧，有优于无。社会化是我们无法选择的过程，它使我们融入了一套文化价值；我们获得的价

---

1 引自 Marvin Harris, *Cultural Materialism*, Random House, 1979, 第 60 页。

值观以一种隐秘的方式限制了我们，直到我们走出去，意识到它们并非全部的可能。

在这个意义上，经济系统塑造了我想要一辆车的"自由"，该系统依赖于不断扩张的市场和不断增长的利润，这两者依赖于鼓励人们更多地用消费的产品和服务来衡量自己的生活——而不是通过精神上的启蒙或帮助经济状况较差的人——从而使我们认为物质财富的积累是幸福生活和成功人生的重要部分。我们重视的一切几乎都是如此。无论是通过整形手术"改善"我们的形象，渴望接受大学教育，通过不反对种族主义言论来迎合社会，还是认为我们的国家优于其他国家，我们很少意识到文化在多大程度上限制了我们的偏好，使它局限在少数几种可能性之中。我们也没有意识到，我们在其他地方的选项可能有多么大的不同。

作为个人，我能够意识到文化的存在，以及文化塑造了我的认知和体验，包括我自认为想要的东西。作为一个在美国出生和长大的人，我明白我的文化是多么物质至上，于是我追求其他的价值，目的是过上一种不同的生活。我将**不顾**我的文化背景坚持这么做，利用这种行为对抗我从小被灌输的最小阻力路径。我必须脱离我的文化——或任何文化——提供给参与者的狭窄的选择范围，才能扩大我的自由。要做到这一点，我需要走出我所习惯的文化框架，这样我才能认为它**只是**一种框架，只是众多可能性中的一种。"走出去"是社会学实践的重要部分，文化、信念、价值观等概念是这一过程中的重要工具，因为它指出了我们正在从哪里走出去。

我们可以违背我们的文化，因为文化并不是决定我们的身份和行为的刚性构架。价值观也无法告诉我们在每一种可能的情境中应该怎么做,因为大多数情境都涉及无法预测的价值组合。价值观并没有给我们一种明确的规则,告诉我们在每一种情境中该如何选择;价值观只是提供了权衡不同选项的一般原则。正如社会心理学家罗杰·布朗所说,价值观就像语法规则,我们用它来解释我们从未见过的句子。[1]

然而,如何应用这些规则取决于我们自己。例如,人们通常认为选择诚实好过选择虚伪。但是,如果这种价值与另一种价值(比如亲情)发生冲突,我们应该如何选择呢?如果杀人犯向我打听我的哥哥在哪里,你可以肯定,我会尽可能地把他们引到错误的方向。但如果我的哥哥就是杀人犯呢?如果我处在戴维·卡钦斯基的位置呢?——我意识到我的哥哥西奥多可能就是那个在1978至1995年间制造包裹炸弹导致几人死亡、多人重伤的"大学航空炸弹客"。[2] 我是应该告发他,让他坐牢或者被处死,还是把"亲亲相隐"视为更高的价值,保持沉默?

没有哪本书可以回答这些问题,这使得价值冲突成为斗争和痛苦的长久根源。这些问题反反复复地出现,比如:以牺牲就业为代价保护环境,在学校里普及避孕和性教育,为非法移民提供获取公民身份的途径,控制枪支的使用。价值观提供了衡量选择的原材料和粗略准则,但无法告诉我们应该如何使用。

---

[1] Roger Brown, *Social Psychology*, Free Press, 1965, 第407页。
[2] 西奥多·卡钦斯基(Theodore Kaczynski)在全美范围内邮寄炸弹,共造成3人死亡、23人受伤。他主要针对大学和航空公司,因此被称为"大学航空炸弹客"。戴维和他的妻子通过种种线索猜测大学航空炸弹客就是西奥多,于是通知了警方。——译者注

作为任何文化的一部分,价值观是最小阻力路径的基础,而最小阻力路径决定了人们如何参与系统。然而,作为调节人们行为的一种方式,价值观只能建议我们**应该**如何行事。它们缺乏的是支撑价值观的东西,包括把价值观转化为"我们**必须**如何行事,**否则**……"的表达。给一种价值加上一个"否则",会带来更强大的东西——规范。

规范、道德和越轨

什么是被重视的和被欲求的,什么是被期待的和被要求的,这两者的差别以奖励或惩罚的形式体现在社会后果中。如果你接受一种文化价值,并把它转化为依靠奖惩强制执行的规则,那么你就拥有了一种规范。规范是长着牙齿的价值,若你偏离了它所规定的最小阻力路径,它就会咬你。

当戴维·卡钦斯基考虑是否向警方告发他的哥哥时,他要做的不只是权衡相互矛盾的价值。他还必须考虑自己的行为是否符合规范,以及随之而来的后果。一方面,如果他告发了哥哥,他会受到公众的感激,因为他终结了无辜者承受暴力的噩梦。同时,他可能会受到家人的惩罚,因为他违反了基于"亲亲相隐"的家族规范。另一方面,如果他保持沉默,他就有可能在愤怒的公众面前蒙羞,因为他漠视了哥哥暴行的未来受害者。然而,他的家人可能会奖励他,因为他忠诚于自己的亲人。无论是哪一种情况,他的困境都不仅仅是选择价值更高或更低的选项。无论他如何选择,都会面临真实的社会后果。

请注意,改变他所处的社会系统,就可以改变其行为的社会后果。如果除了亲属关系，他的家族**还**组织犯罪，那么他的情况可能很不一样。除了在履行社会责任和忠于兄长之间做出选择，他还必须考虑的是，如果告发哥哥会导致警察密切关注他的家族，会发生什么。为了避免这种情况，他可能不会把哥哥交给警察，而是交给他的家族；然后家族可能会用自己的方法处置他的哥哥，从而保护家族的"生意"。

文化的方方面面都是被建构的，规范也不例外。规范并不是人的行为，而是**关于**行为的观念。和信念一样，规范涉及现实的某些层面，比如谋杀的定义。和价值观一样，规范关系到某种文化判断，即一样事物被欲求的程度：谋杀是不好的，但为国杀敌是好的。然而规范更进了一步，把信仰、价值和本来不会发生的社会后果联系起来。如果一个人在人群中放置了一枚炸弹，就像2013年的波士顿马拉松那样，这会造成一些人伤亡。然而，他是否会被逮捕，以及之后会发生什么，取决于规范是怎样的；立法机构可以随时决定改变这些规范。如果他受到惩罚，不仅仅是因为他伤人或杀人，而是因为他违反了禁止杀人的规范。

为了理解其中的区别，我们可以设想他利用一枚炸弹杀了人，却产生了不同的后果。例如，在战争期间，如果他驾驶一架轰炸机，或操纵一架无人机飞越巴基斯坦上空，特别是如果他非常英勇，那么他将因为完成任务而获得奖励。**客观**后果可能是一样的：炸弹爆炸并杀死人，包括儿童和无辜平民；但社会后果取决于该社会系统适用的规范。如果一名飞行员投下炸弹后，他的飞机被击落，他可能会被俘虏；如果**俘虏者**的规范将他的杀人行为定义为谋杀，那么他可能会作为罪犯被起诉。简而言之，我们必须理解一种行为所处的社会系统,才能预测该行为的社会后果。

规范不仅涉及人们的行为,也涉及他们的形象,有时还涉及他们的身份。如果你在寒冷一月的中午光着身子走在大街上,客观后果是你会感冒,人们会盯着你的身体看。然而,社会后果很可能更复杂:你会被人评头论足,或者被逮捕。但如果你在裸体主义社区,社会后果将是得到认可;**没有**脱光衣服就走来走去的人反而会受到白眼。

关于个人形象的规范十分强大,以至于当我们独自一人的时候也会感觉到束缚。举个例子,有一次我在佛蒙特州一个偏远地区的湖边露营,我决定下去游泳。我站在一片美丽的桦树林中,几英里内只有我的妻子。我脱光衣服,准备穿上泳衣。我已经伸进去了一只脚,突然一个问题闯进我的脑海,让我呆住了:我为什么要穿泳衣?我想不出很好的理由,所以痛痛快快地下去裸泳,暂时摆脱了文化规范的束缚。

在这样的时刻,我们可能会好奇规范最开始是如何产生的。为什么有人关心我们穿没穿衣服,或者有没有穿"合适的"衣服?为什么这些规则如此重要,以至于违反规则的人会被嘲笑、疏远,甚至被逮捕或监禁?同样的问题还有,当一个人偷走了我们视为"财产"的电脑,为什么我们会觉得开枪打死他是正当的?这些问题的答案在于更深层的问题,即社会系统是什么。就像绝大多数的大问题,这个问题的答案不止一个。

其中一个答案来自功能主义视角。功能主义的基本理念是,每个社会系统都必须满足特定的要求,否则就无法运转。从这个角度来看,规范之所以存在,是因为如果没有规范,社会系统就会以某种方式崩溃或出现故障。这是有道理的,因为社会制度的组织围绕着人际关系,而人际关系的主要结构是我们对彼此的预期。规范定义并执行这些预期,所以一个社会系统不能没有规范。

对于划定社会系统的边界,规范也扮演了重要的角色,它提供了一种区分自己人和外人的方法,并且决定了谁是自己人、谁是外人。例如,要属于一个社群,你必须在一定程度上支持它的文化。通常你可以根据这一点来区分自己人和外人。如果违反规则,你可能会受到惩罚,包括被彻底驱逐。这不仅是因为你违反了规范,也是因为规范关系到信念和价值观,而信念和价值观定义了现实,定义了人们认为重要的东西。要在一个群体中获得认可和影响力,最可靠的方法就是从一开始就公开地接受它的文化。要使自己被群体排斥,最可靠的方法就是拒绝它的文化,无论你可能对它做出什么贡献。

因此,每年秋季新生拥入大学校园时,他们面色茫然地四处游荡——他们**的确**很茫然,所以我们很容易在人群中认出他们。他们破坏了各种规则,因为他们甚至不知道规则的存在,所以可能暂时被原谅。但总有一天,我们希望他们知道什么是什么,要求他们对所做的事情负责,这是被接纳的代价。他们已经跨越了一个边界,这个边界在一定程度上取决于他们和一系列文化观念的关系,正是这些观念界定了他们在更大的系统中的身份。

在这个意义上,社会系统的规范是什么并不重要,只要有就行。例如,孩子们创建俱乐部的第一件事就是制定规则,俱乐部的成员必须遵守这些规则。没有规则的俱乐部是不可想象的,无论这些规则多么愚蠢或矛盾。规则本身并不重要,重要的是建立一种更大的系统,让成员感觉自己是其中的一部分,并反过来说明他们是谁。

伟大的法国社会学家埃米尔·涂尔干认为这种"我们"的集体意识是社会生活的必要基础,也是控制人们行为的唯一途径。[1] 这种集体意识就是"道德"的真正含义——不仅仅是一套如何成为好人的规则,也是一种有关社会系统以及构成它的人的本质是什么的共同意识。正是从这种"我们"和"它"的共同意识中,道德获得了大部分的力量和权威,因为违反道德规则有可能会让我们失去对社会系统——家庭、社区和社会——的归属感。从涂尔干的社会学视角来看,关于道德最重要的不是行为,而是当人们支持群体、社区或社会的道德规则时,把人们与系统联系起来的依恋感。如果没有这一点,人就会感到迷茫,系统就会崩溃。

从这个角度看,当人们打破规则的时候,他们的行为远远不止打破规则,因为他们也违反了一种边界感,并提出了他们在整体系统中的身份问题。如果你穿着"不合适的"衣服去上班,人们会开始怀疑你是否真的属于那里,你是否真的认同这个地方的"一切"。你可能会想:"着装要求和道德有什么关系?"如果道德的含义是"做个好人",那么在大多数时间的大多数系统中,答案可能是"没有什么关系"。但在更广泛的社会学意义上,人们以道德为基础界定群体或社会**是**什么,界定如何被群体或社会接纳。这使得答案更加复杂。无论是关于杀人的规则,还是关于在餐桌上的表现,**所有的规范都与归属和承诺有一定的关系**——我们能从中了解自己,

---

[1] Émile Durkheim, *Sociology and Philosophy*, 1924(重印版, Free Press, 1974)。

也能从中了解我们参与的系统。

如果道德在本质上有关归属，那么被视为"外人"的人就会被当成违反道德准则的"越轨者"。这就是被污名化的结果：人们被当成越轨者，不是因为他们的行为，而是因为他们的身份。[1]在各种形式的社会不平等和压迫中，这一点往往起着关键作用。在许多方面，种族、性别、族群、性取向、残疾状况和宗教等特征经常被用来界定越轨者的类别，主导群体把他们视为"外人"。他们无法获得归属带来的正常的、日常的好处：比如在商店里受到礼貌的对待和尊重，可以找到住处，安全地在街上行走，或者获得一份反映他们能力的工作。

例如，几个世纪以来，女性一直被视为"越轨者"——男性的不完整、有缺陷的版本，她们的思想和身体使她们软弱，达不到充分发育和完整健全的人类的标准。[2]在大多数受重视的工作和职业中，女性可能仍然发现自己是"外人"，她们以或隐晦或公开的方式被告知，她们没有权利出现在那里，她们不受欢迎。对一个女人来说，无论是在下班后未被邀请参加一群男人的啤酒聚会，还是在书桌抽屉里发现用过的避孕套或遇到其他形式的骚扰，潜在的信息和信息带来的影响是一样的。[3]

---

1 参见 Erving Goffman, *Stigma: Notes on the Management of a Spoiled Identity*, Prentice-Hall, 1963。

2 例如，参见 Edwin M. Schur, *Labeling Women Deviant: Gender, Stigma, and Social Control*, Random House, 1984。

3 例如，参见 Marilyn French, *Beyond Power: On Men, Women, and Morals*, Summit Books, 1985; Carol Brooks Gardner, *Passing By: Gender and Public Harassment*, University of California Press, 1995; National Council for（转下页）

使用规范排斥和压迫一整个类别的人，这表明发生了一些功能主义视角无法解释的事情。我们能够理解社会系统的组织可以调节人们的**行为**；但要说某种社会需求可以调节人们的**身份**，比如他们的肤色或者他们的性取向，这就太没有道理了。很难明白为什么一个社会需要这样的安排：不仅要提拔和优待某些群体，还要经常给其他所有群体带来痛苦。

从社会学的"冲突论视角"来看，排斥、剥削、统治和虐待的系统模式会更讲得通。冲突论视角也关注系统，但主要关注的是围绕社会不平等模式的一系列冲突。文化是我们定义现实、区分优劣、确定社会生活规则的大部分观念的来源。因此，特权群体利用他们的权力和影响塑造符合自己利益——包括延续特权——的文化，这一点也不奇怪。

例如，考虑一下关于"私有财产"的文化观念。财产的观念并没有出现太长时间，最早可以追溯到几千年前。被视为财产的某样东西，必须在社会关系中占据特定的位置。"我的房子所在的土地是我的财产"——当我说这句话的时候，我实际的意思是，我所在社区和社会的人承认我有权利生活在这片土地上，可以对它做我想做的事情，尽管并不是没有限制。我可以决定谁能进入这片土地，他们应该如何对待这片土地。除了少数例外，未经我的同意，我的财产不能被改变、毁坏或掠夺，除非是地震那样的非人类力量这么做。在这个意义上，财产并不是某种**东西**或某个**人**（考虑到奴隶制下被

（接上页）Research on Women, *Sexual Harassment: Research and Resources*（第三版）, National Council for Research on Women, 1995; Vicki Schultz, "Reconceptualizing Sexual Harassment", *Yale Law Journal*, 1998 年 4 月, 第 1683—1805 页。

奴役的人）。相反，财产是一套关于关系的观念：财产的"拥有者"和社会意义上**被认为是**他们的财产的东西之间的关系，财产的"拥有者"和其他人以及社会系统（比如社区和社会）之间的关系。

只有在文化信念将财产定义为真实的时候，我们所说的"财产"才会存在。例如，和许多印第安人部落一样，万帕诺亚格人的传统认为土地是自然的一部分，不是人们可以拥有的东西。他们可以在土地上生活、耕种、狩猎、崇拜大地以及欣赏它的美，但他们不能把土地当成财产。然而，英国拓殖者来到马萨诸塞州南部海岸外的楠塔基特岛，从万帕诺亚格部落那里"购买"土地，万帕诺亚格人以为他们卖给英国人的只是共同使用土地的权利。然后，白人拓殖者的行为让他们惊呆了：英国人认为这片土地是他们的"私有财产"，他们逮捕和惩罚任何"非法侵入"这里的人。万帕诺亚格人不能在这片土地上行走，也不能使用这片土地，因为这片土地不再"属于"他们。万帕诺亚格人的社会系统容不下这样的观念。英国文化的规范定义了一种与这片土地的关系，而这对万帕诺亚格人来说是根本不可能的。[1]

从理论上讲，保护私有财产的规范有利于所有拥有私人财产的人，无论是我的 iPad 还是埃克森美孚公司的油井。你拥有的财产越多，你从这些规范中获得的利益就越大。但是，当财产成为特权和压迫系统的基础时，保护就具有更大的意义。当拥有财产赋予人们凌驾于他人之上的权力时，任何保

---

[1] James Wilson, *The Earth Shall Weep: A History of Native America*, Grove Press, 2001。

护产权的规范也就保护了权力和特权的不平等,以及人们可以利用权力和特权做的事情。

例如,在美国,一小部分人口拥有或控制着绝大多数财富,特别是人们用来创造财富和维持生计的工厂、机器、工具等资源。最富有的20%的美国家庭拥有近90%的财富,最富有的10%拥有73%的财富,最富有的1%拥有35%的财富。相比之下,底层的40%只拥有0.2%的财富。从全球来看,这种模式大致相同,最富有的20%拥有85%的财富,而最贫穷的50%只拥有1%的财富。[1]

不平衡的财富分配并不意味着保护私有财产的规范只存在于拥有大部分财产的精英阶层。它的确意味着,尽管法律保护了每个人的财产,但它也使精英阶层能够保持自己的特权位置,包括进一步增加其财富份额的能力。如果你拥有或控制着企业和工厂,那么你可以决定让谁工作、不让谁工作、让他们如何工作,以及他们生产的商品和服务的去向。你可以决定是否关门停业,把生产和工作转移到劳动成本更低、环境法和劳工安全法以及工会更弱,因此利润更高的地区或国家。你可以告诉社区和州,除非他们给你的公司减税,否则你将搬到一个"更友好"的商业环境。州和社区不愿意看

---

[1] G. William Domhoff, "Who Rules America?", 链接: http://whorulesamerica.net/power/wealth.html(2013年3月更新)。亦可参见 Lawrence Mishel、Jared Bernstein, *The State of Working America: 1992–1993*, M. E. Sharpe, for Economic Policy Institute, 1993;联合国的数据报告于 *Los Angeles Times, World Report*, 1994年6月14日;Edward N. Wolff, "Recent Trends in Wealth Ownership, 1983–1998", Levy Economics Institute of Bard College, Working Paper 300, 2000年4月;World Institute for Development Economics Research of the United Nations University, "Press Release: Pioneering Study Shows Richest Two Percent Own Half World Wealth", Global Policy Forum, 2006年12月5日。

到工作岗位流向别处,他们同意了这个要求,于是在该地区生活和工作的人们必须弥补税收损失,或者削减学校和政府服务的开支。

观察社会生活的不同方面是怎样结合在一起的,这是社会学实践的重要组成部分,因为社会生活中的一切都是相互关联的。例如,请注意,一种文化无法包含关于财产的价值观和规范,除非它首先有一种将财产这样的东西定义为真实的文化信念。还要注意的是,支持一种价值的规范可能会影响其他的价值,因此,看起来是保护财产的规范,实际上可能维护了基于特权和压迫的整个社会秩序。

这种相互关联的模式出现在社会生活的方方面面:我们最容易直接看到的联系通常只是冰山一角。通过这种方式,社会学实践可以把我们带到表面之下,深入了解真相:正在发生什么事情,它为什么重要,以及它为什么与我们有关?

态度:文化即感觉

信念、价值观和规范深刻地影响了我们如何感知现实、如何思考现实,以及如何行动。举个例子,如果考察异性恋偏见,我们可以看到这三种元素是如何结合在一起的。对男同性恋、女同性恋和双性恋的偏见将一种性取向置于其他所有的性取向之上。这种价值观通常基于这样的信念:把性取向定义为人的类型,并认为异性恋看起来更好。例如,人们可能认为异性恋是自然的和健康的,其他的任何取向都是反常的、病态的、堕落的,或者是对上帝的冒犯。

由于异性恋主义认为一种性取向高于其他的性取向,这就成了一种特权，异性恋者仅仅因为他们的性取向就会受到优待。和所有形式的特权一样，异性恋特权是由各种规范支撑和维持的，这些规范在住房、就业、父母和配偶权利等方面歧视女同性恋者、男同性恋者和双性恋者，从而让他们安分守己。一对女同性恋伴侣可能在一起生活了二十年，但如果一个人得了重病，不能进行自我照顾和财务管理，那么在法律上有权代她进行这些活动的人，很可能是她的父母而不是她的生活伴侣。[1]

虽然信念、价值观和规范非常强大，但它们不能解释偏见所涉及的感觉。例如，针对男同性恋、女同性恋和双性恋的仇恨、厌恶或恐惧并不是一种信念、价值观或规范，尽管这些情绪可能与文化观念紧密相连。异性恋男性可能会鄙视同性恋男性，并把这种感觉与某种信念和价值观联系起来，它们使同性恋男性在异性恋男性眼中是可鄙的。异性恋男性还可能利用损害和压迫同性恋男性的规范来表达他们的鄙视。在这两种情况下，鄙视都不仅仅是一种感觉。它也是一种文化态度，融合了信念、价值观和情绪，塑造了我们对人的感觉和行为，或者对地球、观念等任何东西的感觉和行为。[2] 这种感觉可以是强烈的和重要的，比如肆无忌惮的公开仇恨；也可以是微妙的和日常的，比如当异性恋男性和同性恋男性

---

[1] 2013 年，美国最高法院的一项判决宣布联邦政府的《婚姻保护法》（Defense of Marriage Act）无效，从而给予同性恋伴侣平等的保护，但截至撰写本书时，大多数州仍在歧视同性恋伴侣。

[2] 参见 Gordon W. Allport, "Attitudes", Charles Murchison 编, *A Handbook of Social Psychology*, Clark University Press, 1935; K. J. Keicolt, "Recent Developments in Attitudes and Social Structure", *Annual Review of Sociology* 第 14 卷（1988），第 381—403 页。

相处的时候，异性恋男性经常会感到的那种潜在的不安。[1]

在任何一种情况下，这种感觉都不仅仅是情绪，因为它植根于与之相适应的社会系统和文化。感觉依赖于人们如何定义正在发生的现实，如何定义什么是最重要的，如何定义他人的期望和社会认为的合适。无论是在针对同性恋的暴力犯罪中表现出的最强烈的异性恋主义仇恨，还是在餐桌上表现出的最克制的礼貌，态度都是观念和感觉的复杂混合体，它决定了人们如何参与社会生活。

我们作为一个物种，有些情绪可能是与生俱来的。例如，不需要教导，小孩子就会有害怕的感觉。恐惧是一种情绪，但它不是一种文化态度，除非与信念和价值有关。多年前，我的妻子想要扩大我们的家庭规模，在两条狗和两只山羊的基础上再增加一条蛇。第一次听到这个提议的时候，我的反应和社会上的大多数人一样："你想要**什么**？"

但我最终被说服了，因为我考虑到，我感到害怕或厌恶的唯一理由，是我从对蛇的文化态度中习得的东西。我去了，看了，也摸了，我惊奇地发现，蛇其实是一种温和的生物，它的皮肤摸起来像上等的皮革。也许最重要的是，我意识到尽管我对蛇有不好的感觉，但这只动物（它的名字是奥娅）对我的恐惧远远超过了我对它的恐惧。它几乎听不见也看不见，主要靠舌头的嗅觉探索周围的环境。我随时可以杀死它，而它几乎察觉不到。然而，除非受到威胁，奥娅绝不会袭击我；

---

[1] 例如，参见 Henry Abelove、Michele Aina Barale、David M. Halperin 编，*The Lesbian and Gay Studies Reader*，Routledge，1993；Michael S. Kimmel、Michael A. Messner 编，*Men's Lives*（第九版），Macmillan，2012；Suzanne Pharr，*Homophobia: A Weapon of Sexism*，Chardon Press，1988。

除非运气很好，否则它也无法对我造成伤害。当我讲这个故事的时候，人们的反应几乎都是厌恶加恐惧，尽管只有少数人敢靠近蛇，抓住它或看它的脸。他们的恐惧不是因为真实的经历，而是因为他们成长和生活的社会系统——社会文化中充满了可怕的蛇的形象。

从某种意义上讲，态度是附加在各种文化信念和文化价值之上的基本情绪，比如恐惧。恐惧本身不是一种态度，但对蛇的文化恐惧是一种态度。然而，许多态度是只存在于社会语境中的情绪。例如，鄙视和厌恶只存在于否定判断的表达中，如果没有信念和价值观，你就无法评判某样东西。你可以训练婴儿害怕任何东西——一根香蕉，或者一个人——方法是把这种东西与暴力或突然的巨响等固有的恐惧对象联系起来。但你不能训练婴儿厌恶某样东西，因为在学会使用语言之前，他们无法对任何东西形成观念和判断。

把美味的东西放在婴儿的嘴里，它会马上被吃掉。但如果把同样的东西放在我的嘴里，然后告诉我这是狗肉（在亚洲许多地方这是一种美味），我会马上吐出来。我的厌恶反应不是因为味道，而是因为关于吃狗肉的文化观念。把一个多汁的汉堡交给一个喜欢吃肉的人，当他吃到一半的时候，告诉他这是用猫肉做的，观察他的反应，看看文化态度在行为中的力量。即使你告诉他这不是真的猫肉，他可能仍然不吃。

情绪、信念和价值观的混合是文化态度的核心。骄傲、羞耻、内疚、爱、恨、忠诚、崇敬、尊敬、轻蔑、傲慢、谦逊、怜悯、爱国心、同情心、同理心、感激、自大——所有这些都只存在于有关感觉对象的观念中。这也适用于通常被认为是情绪缺失的情况，比如超然或漠然的态度。从这个意义上说，不存在"不带情绪"这样的东西，因为"无动于衷"和"深受感动"或"暴怒"一样，是一种情绪状态。在很多情况下，当人们说没有任何感觉的时候，他们正在体验一种平淡的空虚，这是一种明显的情绪状态，尽管他们可能不会这么说。这种感觉会以强有力的方式塑造他们的行为。例如，它可以掩饰或支撑巨大的残忍行为，或者使人们更容易在战争中杀死成千上万的人——他们所做的事情可能会让他们感到恶心和恐惧，前提是他们允许自己去感受**这些**感觉，而不是那种平淡的、超然的、"我只是奉命行事"的感觉。

虽然身处文化之中的我们并不这么认为，但"不带情绪"是一种强大的态度，尤其适用于男性；不足为奇的是，也适用于那些占据权力位置的人。通常情况下，男性被允许和被鼓励的情绪只有一种，那就是愤怒，因为愤怒就像情绪上的超然，让他们更容易行使权力和控制。许多文化把男子气概和领导能力等同于男性表现出"不带情绪"状态的能力，因此任何渴望这些位置的人，都会被迫采取这种态度。这种态度既包含了情绪上的超然，也包含了一种文化信念，即不要让各种情绪影响判断和决定。它还涉及这样一种价值："面无表情"优于"情绪化"——前者属于刻板印象中的男性，后者属于刻板印象中的女性。结果，在文化上被鼓励要"情绪化"的女性，如果想在男性主导的商业和专业领域获得重视和成功，就需要培养一种"不带情绪"的态度。

这种动态发生在许多形式的社会不平等中——文化刻板印象认为，社会位置较低的人通常比社会位置较高的人更情绪化，这种认知可以用来对付社会位置较低的人。例如，当黑人或女性对工作场所的歧视表达愤怒，可能会引发人们关于黑人和女性的刻板印象，认为他们过于情绪化，容易失控，所以需要被人控制。这反过来又用于论证他们不适合更高的位置，因为他们没有表现出合适的态度。

考察态度和它的运作方式是一种有用的方法，可以了解文化的各个方面是如何结合起来的，并如何产生复杂而有力的结果。尽管文化主要由我们看不见的东西——符号、观念和感觉——组成，但也包括人类建构的物质世界，它是社会环境的一部分。

物质文化与生活的材料

我们建构的现实既是非物质的，也是物质的。举个例子，我们可以认为音乐是一种文化形式，一种我们视为音乐而非噪声的声音模式。在许多文化中，音乐的表达需要用到音符、升号、降号、休止符等符号，音乐家必须知道如何"阅读"其他音乐家写的东西（尽管有人能够演奏音乐而不识乐谱）。但作为文化的一部分，音乐有其存在的物质基础，从印刷乐谱的纸张，到用于制造乐器的黄铜、木材、钢铁、兽皮、骨头、贝壳等材料。在工业社会中，制作和复制音乐的硬件似乎每天都在扩展，从麦克风、音频混合器到电提琴、音响合成器以及MP3播放器。

这一切对于社会学实践有什么意义？要理解音乐或社会生活的其他部分，我们必须关注它的物质层面**和**非物质层面，以及两者之间的关系。社会生活的条件不仅体现在我们作为人的身份，还体现在我们如何塑造物质世界——从我们坐的家具到我们居住的城镇。

物质文化之所以存在，是因为人类似乎有一种内在的倾向：改造我们发现的世界。在树林中开辟一条从村庄到水源的小路，种植一片花园，铺设一条高速公路，建造一栋房子，把铁矿石转化为钢铁——我们似乎执着于把一种东西变成另一种东西的创造性工作。

我们如何能做到这一点，这在几个方面很重要。最显而易见的是，我们创造的物质世界直接影响了我们的物质存在。例如，电话将我们有限的听觉能力扩展到数千英里之外。相反，建筑物的墙壁——尤其是许多人工作的大楼里无窗的墙壁——把我们关在里面，使我们与周围世界以及世界里的人隔绝。人体本身能做的事情就很有限。我们的嗅觉、视觉、听觉、味觉、触觉相比许多物种来说都不太好。我们无法飞行，跑步和游泳也远远比不上大多数哺乳动物。简而言之，人类是一个笨拙而受限的群体。

但我们发明物质文化的能力大大弥补了这些限制，这是祸福相依的。它是一种福祉，因为我们可以做一些远远超出我们能力范围的创造性的事情。它也是一个祸根，因为我们可以利用物质文化造成超乎想象的破坏。人类污染和破坏地球（使之无法维持生命）的能力非常强大和复杂，以至于我们才刚刚开始了解这种破坏能达到什么程度。我们使用科技的能力不仅可以消灭所有我们讨厌的物种，还可以屠杀大量的其他人类——这种消灭和屠杀还没有结束的迹象。

除了我们的物质存在，物质文化也影响着社会生活的条件。它影响了我们如何感知现实，我们如何感受，我们与他人相处时重视什么和期待什么，社会关系如何围绕权力分配等问题建构。例如，当约翰内斯·谷登堡在15世纪发明活字印刷术的时候,他促成了一场社会革命。有史以来第一次,人们可以获取信息和思想,以书面形式复制,然后分发给大量的受众。这意味着大多数人能否读书和写字变成了一件很重要的事情,因为当时的书籍是手工制作的,只有富人才买得起。随着读写能力的传播,思想、信息、创新和发明也随之传播。

在最简单的意义上,印刷机只是一台机器,是按某种方式排列的一系列零件。它的社会意义来自使用它的方式,尤其是选择印刷什么内容。人们阅读的内容会影响他们如何感知和思考世界,因此不可避免地,一些群体试图控制印刷机,从而控制信息和思想的流动。世界上几乎每一个时期的每一个政府都曾试图限制人们使用印刷机和相关技术,以及限制人们印刷的内容。在 20 世纪 80 年代,罗马尼亚政府甚至要求拥有打字机的人向警方登记,这样当局就可以利用打字机的样本识别反政府文字的来源。如果你有犯罪记录,或者如果你被视为"对公共秩序和安全构成威胁"的人,你就根本无法拥有一台打字机。[1]

在不那么专制的社会,国家对印刷和出版的控制较少。然而,这并不意味着大多数人都能获得这种相当昂贵的物质文化。因此,迈克尔·帕伦蒂写道,出版自由主要是为了那些拥有报刊或者有钱在报纸和杂志上购买版面并发表自己观点的人而存在的。[2] 越来越少的公司控制着越来越多的思想和信息的公共传播,这些公司通过兼并和收购来继续扩张。这

---

[1] *New York Times*,1983 年 4 月 24 日。

[2] Michael Parenti, *Inventing Reality*(第二版), St. Martin's Press, 1993,第二章。

种情况发生在大众传媒的各个领域，从电视、广播、电影到书籍、杂志、报纸。收购和兼并的速度非常快，权力和控制的巩固也非常快，以至于很难了解谁拥有谁、谁属于谁。例如，我们很难找到哪一家大型图书出版公司不属于另一家公司，后者有时是规模更大的出版公司，但越来越多地是与出版毫无关系的公司。

在思想和信息的传播中，为什么这种巩固影响重大？因为看似独立的各种新闻、信息和分析，实际上可能来自少数以利益为先的消息来源。一位评论员谈到一系列的收购与兼并（毫无疑问，这种收购和兼并已经变成了所有权、权力和控制的不断洗牌）时说道：

> 目睹利特尔-布朗公司出版的一本书，被"每月之书俱乐部"选中，由华纳图书出版平装版，被华纳兄弟拍成电影，《人物》杂志发表了影讯，《时代》杂志发表了影评，大西洋唱片公司录制了原声专辑，电影在 HBO 播出，在《疯狂》杂志上被戏仿，最后由罗瑞玛电视公司翻拍成电视剧。所有的钱——包括所有的选择——都掌握在时代华纳股份有限公司手中。[1]

看起来自由开放的思想市场，原来完全是另一回事（然而，互联网和社交媒体提供的信息和分析如何越来越多地影响这种权力的巩固，还有待观察）。2010 年，美国最高法院在"联合公民诉联邦选举委员会案"中裁定，企业是宪法规

---

[1] *Hartford* (CT) *Courant*，1989 年 4 月 2 日。

定的"人民",有权为政治竞选提供尽可能多的资金。此后情况变得更加极端。[1]

即使不存在大众传媒巩固权力的趋势,社会对思想传播的控制也会是一个问题。例如,几乎没有一家媒体严肃地评论资本主义以及资本主义对大多数人生活的影响。如果你想更多地了解这方面的信息,它们不会出现在电视和广播上,甚至不会出现在所谓的"偏自由主义的"公共网络上。在报纸、时事刊物或大型出版社的书单中,你也找不到。为什么呢?也许资本主义已经接近完美,除了一些微小的缺陷,它是一种经济系统能够达到的最好状态,因此没有什么好批评的。然而,考虑到世界上的苦难和危机几乎已经成为常态,我们不太可能已经达到了如此幸福的状态。

大众传媒对资本主义的话题保持沉默,更有可能的原因是,它们的组织方式使沉默成为最小阻力路径。例如,几乎所有的大众传媒都是资本主义公司。它们的拥有者是股东,股东的目标是寻求最高的投资回报;它们的控制者是经理,经理的财富取决于他们为股东利益服务的程度。换句话说,对于维护和促进资本主义经济系统,那些拥有和控制大众传媒的人具有经济和权力方面的既得利益。如果暗示资本主义经济系统可能有什么问题,他们将什么也得不到,反而会失去很多。这种系统使他们的权力和特权成为可能,他们不太可能质疑或破坏这种系统。

这并不意味着大众传媒能控制我们对某个特定问题的看

---

[1] 参见 Jeffrey D. Clements, *Corporations Are Not People: Why They Have More Rights Than You Do and What You Can Do about It*, Berrett-Koehler Publishers, 2012。

法，但它们的确在很大程度上控制了我们**针对**哪些问题进行思考。如果它们能控制我们**是否**思考资本主义的问题，那么就不必担心我们**如何**看待资本主义。从这个意义上说，媒体力量影响最深远的运用不在于印刷什么、拍摄什么或广播什么，而在于**没有**印刷什么、**没有**拍摄什么和**没有**广播什么。难怪当特权和压迫以及长期的经济危机等重大社会问题影响到越来越多的人时，媒体却没有想到要质问，资本主义这样强大而普遍的制度如何成为问题的一部分。正是这种沉默让2011年爆发的"占领华尔街"运动变得不同寻常，它不仅挑战了资本主义，还质疑了公司的权力：公司为了自己的利益，用公共开支影响政府，甚至达到了违反法律而不被起诉的程度。

显然，这个问题与物质文化（比如印刷机、电视摄像机或互联网服务器）的存在关系不大，而是关乎物质文化在特定系统中的使用。如果我们忽略了"物品"和"对物品的使用"之间的区别，物质文化就会有自己的生命，仿佛它本身就有控制我们所有人的力量。例如，许多人指责计算机控制了人们的生活，但问题不在于机器。问题在于我们和机器的关系，以及我们如何看待机器，在这两个方面，我们的控制力比我们所知的更大。毕竟，计算机不过是金属和塑料，除非有人接通电源，打开开关，告诉它该做什么，否则它什么也做不了。因此，计算机不过是由我们形塑的造物，它的意义也不会超过我们选择赋予它的意义。举个例子，在欧洲工业革命的早期，工人认为机器是邪恶的，因为机器被用来取代和控制工人。事实上，"saboteur"（蓄意破坏者）和"sabotage"（蓄意破坏）这两个词源自一种行为：把木底鞋（sabot）扔进工厂，破坏或摧毁那些令人讨厌的机器。

如今,用机器取代和控制工人的范围正在扩大,主要是以计算机和机器人的形式。然而,机器本身并没有要求这么做。更高效的生产原本可以减少人们的工作时间,同时仍然能提供足够的商品和服务满足每个人的需求。可是,在资本主义经济系统中,这并不是"高效"的含义。资本主义的机构通过生产最大化和成本最小化——尤其是劳动力成本最小化——提高效率,从而获得更高的利润。因此,工人从"节省劳动力的"技术中获得的"闲暇",往往不是要求较低但能够养家糊口的全职工作,而是失业或裁员带来的空闲时间。在这场技术爆炸中,美国人的工作时间并没有减少;他们工作得更多,却没有多少成果。[1]

物质文化的材料无法告诉我们物质文化是关于什么的。为此,我们必须了解物质文化在社会系统中的位置,人们如何感知它、重视它和思考它,以及人们用它做什么。因此,物质文化可以同时把社会生活带往许多不同的方向。例如,计算机可以作为压迫性控制的工具。它可以储存大量的个人信息,可以用于侵犯人们的隐私,可以监视他们在工作场所内外的一举一动。在有些公司,员工必须刷卡才能进出房间,包括卫生间。这提供了员工每时每刻的位置信息,即使有时候你认为这是他们自己的事情。在更大的范围内,政府使用手机技术追踪人们的行动,并使用另外的技术监控全球范围

---

[1] Bruce Western、Jake Rosenfeld,"Unions, Norms, and the Rise in U.S. Wage Inequality",*American Sociological Review* 第76卷,2011年第4期,第513—537页。亦可参见 Juliet B. Schor, *The Overworked American: The Unexpected Decline of Leisure*, Basic Books, 1993。

内的电子邮件和电话。

然而，技术可以服务于我们能想象的任何用途。例如，互联网使任何拥有计算机和网络的人能够访问全球通信系统，这个系统——到目前为止——实际上是任何人都无法控制的（但这并没有阻止一些政府尝试控制它）。因特网由数以百万计的个人计算机组成，这些计算机连接在多个小型网络中，而这些小型网络又彼此关联，形成更大的网络。没有人知道每天有多少台计算机被卷入其中，也没有人完全掌握连接这些计算机的数十亿条可能的线路。不存在电话系统那样的中央交换站，也没有关闭或调节信息传播的中央控制点。如果某一个计算机网络无法运行，也还有其他无数个网络，信息会通过其中一个路由到它的目的地。电子邮件甚至不是以单个单元传播，而是首先分成"信息包"，它们被发送到不同的方向，然后在目的地重新组合成原来的形式。

总的来说，几乎不可能控制这样一个分散的系统，因此对控制信息传播感兴趣的政府，也就是大多数政府，都在努力发明控制网络空间的技术，而且有充分的理由。

虽然物质文化在社会学工作中受到的关注相对较少，但它在社会生活中扮演着复杂而矛盾的角色。我们创造了这种文化，使它融入我们的身份，但我们经常把它当成独立的、外在的东西来体验——在涉及我们自己的时候，它是自主的和强大的。我们倾向于认同它，因为我们非常依赖它，以至于我们无法想象没有它的生活。与此同时,我们也很容易忘记,它不过是人类创造出来的。

认同物质文化的危险在于，即使它产生了可怕的后果，我们也可能不会放手。我们认为自己的生活离不开汽车、空调、手机和产生二氧化碳的发电厂,但全球变暖清楚地表明,我们无法与它们长期共存。[1] 把物质文化视为异类,使它脱离我们创造它的能力,这也是危险的。因为即使我们想要改变它或摆脱它,我们也会感到无助;更糟糕的是,我们不会把自己的责任放在首位。正是因为这样,我们才发现自己的感觉和行为仿佛受无生命物体的摆布。

我们太容易忘记,任何文化加起来都不过是人类潜在的丰富想象力的产物。哲学家苏珊·朗格写道:"我们生活在自己编织的思想之网中。"[2] 可是,当我们生活在这张网中时,它此刻的样子永远只是所有可能性中的一种。这极大地限制了我们在宏观上理解正在发生的事情。无论是在家庭里、在工作中、在网络上还是在整个社会,我们都生活在一个由文化建构的现实之盒里。我们很少看到盒子之外的东西,这主要是因为我们甚至不知道盒子的存在,仿佛我们看到的就已经是全部。但事实并非如此。要想象更多的东西,我们首先要看清楚它的本质。换句话说,要看到盒子**之外**,我们首先必须认真地看一看盒子**本身**。这是社会学实践敦促我们做的。

我们的盒子,最好的盒子,唯一的盒子

生活在一个我们无法跳出来的盒子里,就很容易假设根本不存在其他的文化,或者假设其他文化和我们的文化一样,或者假设其他文化不值得去了解。这种现象被称为"民族中

---

[1] 参见 Bill McKibben, *Eaarth: Making a Life on a Tough New Planet*, St. Martins Griffin, 2011。

[2] Langer, "Growing Center of Knowledge", 第 147 页。

心主义"。我们像婴儿一样把自己和自己的体验视为宇宙的中心，没有意识到盒子之外可能还有东西。

无论走到哪里，包括其他有自己文化的社会，这个"盒子"一直跟着我们。我清楚地记得在墨西哥的内陆，我听到一位美国游客对一家餐馆的服务员大发雷霆，因为服务员不接受美元付款。这位游客无法想象美元不是首选货币的地方，也拒绝接受任何其他的可能性。他的语气传达了一个明确无误的信息，即来自美国给了他一种傲慢的优越感，就像说"你算老几，竟敢拒绝我的钱？"。但这也反映了一个几乎普遍存在的根本现象——难以超出自己的社会看世界。

这位游客的民族中心主义体现在他的盲目自大，也体现在他假设自己的文化优于其他的任何文化。他认为美元是比墨西哥比索更好的货币，服务员应该接受这种更有价值的货币，甚至应该心存感激。然而，当时比索的价值比美元稳定得多，真要说的话，美国游客持有的货币不太受欢迎。但用民族中心主义的眼睛看待世界，这一切都不重要。这位游客生活在舒适的盒子里，他拒绝接受任何可能的质疑，他意识不到盒子本身的存在，更意识不到其他的可能性。

民族中心主义无处不在，它并不是任何文化特有的。正是因为民族中心主义，欧洲人把美洲称为"新大陆"，认为自己有权给它命名、征服它的人民、掠夺它的资源。正是因为民族中心主义，美国才会庆祝哥伦布日，从而纪念美洲的"发现"，尽管从西伯利亚来到阿拉斯加的移民早在几千年前就发现了美洲。民族中心主义解释了为什么澳大利亚白人会庆祝澳大利亚在1788年"建立"，尽管许多部落的血统可以追溯到比欧洲人早四万年左右就已经生活在那里的祖先。民族中心主义使日本人最早将遭遇海难的欧洲水手视为"野蛮人",并立即处死他们。正是因为民族中心主义,几乎每一个发动战争的国家都低估了对手的勇气、坚韧和资源,往往认为胜利将在几周或几个月内到来——就像2003年美国入侵伊拉克。

在某些方面,民族中心主义不仅存在于社会之间,也往往存在于社会内部。在复杂的社会中,主导群体往往表现得仿佛他们建构现实的文化观念适用于所有人。例如,异性恋者表现得似乎他们可以假设自己遇到的每一个人都是异性恋,他们的谈话也是基于这个假设的正确性之上。类似地,白人、基督徒、男性和中产阶级经常表现得仿佛他们的看法和生活方式是社交宇宙的中心,代表着人类的一般经验。

例如,美国的大多数企业通常很少考虑或完全不考虑与白人、基督徒和北欧背景无关的节日。[1] 这种模式也出现在范围更大的公共世界。例如,在非正式的公共谈话中经常使用"圣诞快乐"这句话,这反映了一种假设,即每个人都会庆祝或重视圣诞节。犹太人、佛教徒或无神论者是否应该微笑着回应说"谢谢!也祝你圣诞快乐!"?

在这个意义上,每一个复杂的社会都包含了各种各样的社会建构的现实,但其中一些占主导地位,并代表整体。其结果是一种内部的民族中心主义:多样性和差异经常被忽略,或者即使得到承认,也被认为是次要的。

民族中心主义的概念揭示了每一种文化如何限制参与其中的人的观点。但它也解释了文化,以及我们如何生活在文

---

[1] 参见 Paul Kivel, *Living in the Shadow of the Cross: Understanding and Resisting the Power and Privilege of Christian Hegemony*, New Society Publishers, 2013。

化中、如何使用文化的一个基本悖论。毕竟,"民族中心主义"只是一个词语,只是文化的一部分,它是帮助我们看得更清楚的东西。在这个意义上,文化可以同时把我们带往两个方向。它能带我们向内,进入特定的文化盒子的有限空间。但作为社会学实践的工具,"文化"和"民族中心主义"等概念也指向盒子本身,引导我们想象自己同时身处盒子里面与盒子外面——这是一种震撼人心的体验。

第三章

社会生活的结构

研究生二年级那年,我第一次去了圣米格尔-德阿连德,这是墨西哥中部坐落在山腰上的一个小镇。很长一段时间以来,那是我最接近假期的一次旅行——几个星期没有任何负担,整天就是散步、读书,困了就睡觉,我自由地享受着露天市场、晒干的土砖和美丽花园的美妙气息、味道、风景和声音。

就这样过了几周,我突然产生了一种奇怪的体验。由于某种我已经不记得的原因,我想知道现在是几点钟,但我意识到我已经不戴手表了。我只知道此刻是下午而不是晚上,但除此之外,我毫无头绪。我做的所有事情都不需要我知道时间,我已经丧失了对时间的感觉。最开始,这种"无时间"的体验深深地吸引了我;但后来我意识到,即使坐下来苦思冥想,我也不知道今天是星期几。这让我有点不安,仿佛我迷路了,仿佛我和往常一样坐着地铁,却来到了一个我从未见过的街区。

从社会意义上讲,当时的我的确"迷路"了。生命中的一些节律和周期似乎是自然的,是人类体验的一部分。比如季节的更替,比如黑夜和白昼的差别,比如控制我们何时入睡、何时清醒的昼夜节律。但通过时钟知道一天的时间,并不属于这类体验。

时钟时间之所以重要,是因为它帮助我们适应别人对我们的期望。它是人类创造的,而且完全是任意的。自然界并没有时、分、秒的对应物。它们不过是一套虚构的分类。自然界没有星期的对应物,也没有区分星期一、星期四或星期天的需求。时间的作用在于它促成了我们参与社会生活的结构感。[1]我在墨西哥的山中"丧失了时间",因为我不再处于下面这种情境:我的日常节律依赖于对日期的感知,或者对小时(当然不包括对分钟)的粗略感觉。我脱离了以前在密歇根的学校的社会环境,也脱离了作为它的一部分的时间。我**感到**迷失和脱离,是因为我还没有适应这种新的结构感;在其中,时间和日期都不重要。

结构的概念是社会学实践的关键,因为它指出了是什么

---

[1] 关于时间的社会意义,参见 R. H. Lauer, *Temporal Man: The Meaning and Uses of Social Time*, Praeger, 1981; Pitirim A. Sorokin、Robert K. Merton, "Social Time: A Methodological and Functional Analysis", *American Journal of Sociology* 第 42 卷(1937), 第 615—629 页; Eviatar Zerubavel, *Hidden Rhythms: Schedules and Calendars in Social Life*, University of Chicago Press, 1981; Eviatar Zerubave, *The Seven-Day Week: The History and Meaning of the Week*, Free Press, 1985; Barbara Adam, *Timewatch: The Social Analysis of Time*, Cambridge, Polity, 1995; Michael G. Flaherty, *Textures of Time: Agency and Temporal Experience*, Temple University Press, 2010; Jay Griffiths, *A Sideways Look at Time*, Tarcher, 2010。

让社会生活的形态变得熟悉和可预测。[1] 社会结构围绕着人和人的关系、人和系统的关系以及系统和系统之间的关系来组织人类生活。当我们在生活中经历巨大的变化时——比如进入大学或开始第一份工作,结束一段长久的恋情,或者经历亲人去世——我们通常会感到迷失。这种迷失感的部分原因是,我们改变了自己在一个或多个社会系统中的结构位置,也改变了我们如何关联到该位置对应的所有社会生活模式。

举个例子,当我即将高中毕业的时候,我知道自己在那个系统中的身份意味着什么;但是当我上了大学时,我不知道我的社会**位置**,也不知道我在各种情况下的**身份**。长久的恋情也是如此。"伴侣""妻子""丈夫"是锚定我们的一个社会位置,但伴随着一场分手,我们失去了对它的掌控,体验到的不仅仅是失去某个东西,而且是**自身**的迷失,因为在非常真实的意义上,我们的确迷失了。

社会结构有两层含义。首先,它有关如何在社会生活的各个层面组织关系。例如,我们可以考察个人在参与家庭和工作时是如何联系起来的。篮球队员之间的关系是球队结构的一部分。结构关系也可以将整个系统与其他系统联系起来,比如世界经济中两个相互竞争的团队或国家。这些关系有不同的结构特征,会产生不同的后果,这就是为什么我们对它们感兴趣,把它们当成社会学实践的一部分。

其次,社会结构指的是社会系统中的各种分配。每一个系统都包含以某种方式分配的有价值的资源和奖励。例如,

---

[1] 关于社会结构概念的经典论述,参见 Robert K. Merton, *Social Theory and Social Structure*(增订版), Free Press, 1968。

在美国，大部分财富掌握在少数精英手中，他们和其他人之间的差距正在扩大。美国的政治制度被认为是民主的，但它的政治权力的结构性分配非常不平等。

另一种结构分配侧重于系统中各种位置的人数。例如，大多数劳动者不属于工会，他们的工作只具有相对较低的权威、自主权、声望、安全和收入。大学终身教授主要是白人和男性。每次只能有一个人成为总统或首相。这些都是各种系统中的结构性分配。

在这两层含义中，结构的概念可以告诉我们很多事情：系统的运行方式、系统产生的后果，以及我们与系统的联系。

我们和它：身份和角色

我们总是参与到某个社会系统中，而且通常不止一个。要了解其中的原理，我们需要从社会结构中的一种要素入手，这就是我们和系统的联结——"身份"。身份是社会结构中的位置，我们参与社会系统的方式就是占有一个或多个身份。[1]

例如，我通过丈夫、父亲、祖父、兄弟、叔叔和儿子等身份参与到我的家庭中。请注意，身份和占有身份的人是不一样的：我们不是身份，身份也不是我们。各种各样的人都可以，而且确实占有了和我一样的身份——我并不是世界上

---

[1] 很适合在这里指出，一般的词语可以有多个含义，社会学术语有时也是如此。德国社会学家马克斯·韦伯用"status"这个词指代人们在社会系统中拥有的相对声望，比如形容一种职业"high status"（地位很高）。（译者按：马克斯·韦伯此处使用的 status，更接近中文语境中的"地位"；而原文中的丈夫、法官等 status，更接近中文语境中的"身份"。地位和身份这两个词，都对应着原文中的"status"。）

唯一的父亲和丈夫。无论是否被人占有，这些身份都是存在的。的确，如果**从来**不被人占有，身份就没有什么意义；但同样正确的是，身份在任何时间都独立地存在，与是否被特定的人占有无关。就像《大富翁》游戏，无论有没有人在玩它，它都是存在的。同样，美国最高法院作为一个系统，也超越了目前占有法官身份的那九个人。哪怕所有的法官都死于空难，它的关键身份全部空缺，最高法院仍然存在。

身份和占有身份的人，两者的区别对于理解社会生活的运作至关重要。如果我们混淆了它们，就很容易错误地试图从个人角度解释社会现象。例如，每次一位美国总统任命了一位新的最高法院法官时，人们就会猜测这位候选人将如何在堕胎、同性婚姻、移民或平权等有争议的问题上投票。但法律学者提醒我们，一个人在进入最高法院之前的观点，往往不足以预测他们在新的角色中将如何投票。这是因为最高法院法官的身份对任何占有者都施加了强大的限制，而新上任的大法官在真正上任之前可能不会意识到这一点。作为全国最有影响力的九位法官，他们的决定可以影响历史的进程，这是他们肩负的巨大责任。因此，最高法院非常重视之前判决所确立的先例，并强烈地抵触推翻先例。严格来说，法官可以随心所欲地投票；但在实践中，他们很少觉得有这样做的自由，因为他们感受到了责任的限制，而这些责任来自他们对最高法院法官身份的占有。

所以，如果想知道人们会如何做，我们应该多了解他们的身份，而不是他们的个性和意图。例如，当美国选民选举新总统的时候，他们通常希望候选人能够改变政府政策的方向、解决社会问题、改善社会生活的面貌。新当选的总统往往一上任就下定决心要改变现状，但他们马上就会意识到，尽管他们占据了整个政治系统中最有权力的身份，但身份只是系统运转的众多因素之一。选民很快就会指责政客没有履行承诺，但他们忘记了，把新人放在系统中比改变系统本身要容易得多。

例如，1993年，比尔·克林顿政府试图全面改革美国的医疗保险系统，却遭遇了各方的反对，原因是该系统盘根错节，改革牵连甚广。为每个人提供负担得起的医疗保险，不仅仅是一个公众健康问题，也不仅仅是总统的个人意愿问题。它还必须适应复杂的利益竞争网络，包括保险公司和医药公司、医生、企业、工会、老年人、富人、中产阶级和穷人。最后，这一尝试变成了令人沮丧的演练，所有人都不满意，除了那些希望维持现状的人。当巴拉克·奥巴马总统在2009年上任时，他的改革方案也遇到了类似的问题。

国家元首可能是世界上最有权力的办公人员，但他们只是办公**人员**。就此而言，当人们被选举担任要职的时候，他们不仅仅占有了一种身份。更重要的是，他们占有的身份与政府内外庞大的身份网络相连，而这些**关系**限制了他们能完成什么目标。领导者的权力能够影响很多人，他们也受自身权力的限制，因为他们的一举一动都会产生复杂的后果，这些后果会塑造和限制他们的选择范围。任何身份都不**仅仅**是授权——身份也是一种制约，在某些方面制约甚至**大于**授权。

更加复杂的是，我们参与了各种各样的系统，这意味着我们占据许多不同的身份。有些身份是在我们出生时先赋的，比如种族、性别、族群，以及家庭身份，比如女儿。还有些身份是我们在生活中自致的和占据的，比如学生、职员、水管工、律师、经理、教师、士兵、妻子、丈夫、人生伴侣、母亲、父亲、继母或继父。请注意，对于先赋身份和自致身份，无论我们是否**正在做**与之相关的任何事情，我们都占据了该身份。例如，我的父亲在几年前去世了，但我仍然是他的儿子。在这个意义上，无论我们在哪里，无论我们和谁在一起，我们都占据这些身份，我们通过这些身份了解自己，别人也通过这些身份了解我们。

还有些身份并不是我们一直占据的，它们只存在于特定的情境中。例如，当我踏上人行道的时候，我占据了行人的身份。而一旦我离开人行道，走上公交车，我就从"行人"变成了"公交车乘客"。我们必须主动地**做**一些事情，才能占据情境身份。因此，许多身份关系到我们在社会上是**谁**，身处**哪里**，而其他的身份只关系到当时我们身处**哪里**，以及有何种行为。

占有某种身份的意义在于，它把我们和社会系统联系起来，为我们提供了最小阻力路径，从而影响了我们如何体验和参与这些系统。它通过被称为"角色"的一系列文化观念实现这一点。[1] 角色是信念、价值观、态度和规范的集合，适用于在系统中占有某种身份的任何人。例如，教师的角色包含了信念，这些信念描述了教师应该是什么样的人，比如我们可以假定教师拥有知识和资格。教师的角色还包含了价值观，这些价值观塑造了教师的选择，比如重视学生的

---

[1] 参见 Jerold Heiss, "Social Roles", Morris Rosenberg、Ralph H. Turner 编, *Social Psychology: Sociological Perspectives*, Basic Books, 1981。关于此话题的经典论述，参见 Ralph Linton, *The Study of Man*, Appleton-Century-Crofts, 1936。

学习和成长；包含了规范，这些规范调节了他们的行为，比如要求他们参加教师会议，或者禁止他们性骚扰学生。还有一些态度，比如尊重学生，认真对待学生。

请注意，教师的身份有几种不同的角色，每一种角色都对应着系统中与之相关的身份。涉及学生的教师角色完全不同于涉及其他教师、校长或学生家长的教师角色。在每一种情况下，身份保持不变，但角色的内容因关系而异。

角色设置了最小阻力路径，这些路径以无数种方式塑造了我们的形象和行为。例如，在学校和工作场所，人们有很大的压力要回答每一个问题；因此对不同身份的人来说，想出一个答案（无论你知不知道自己在说什么）是最小阻力路径。当然，你也可以选择另一种方式，当别人问你问题时，你可以说"我不知道"。但是，一位大公司的雇员曾经告诉我："在这种地方，说你不知道是不行的。"这里的"不行"指的是一种社会阻力、一种社会后果，它通过身份和角色嵌入到系统中，并阻止人们选择其他路径。

考虑到我们占有的许多身份，以及伴随着这些身份的角色，当我们同时面临多条路径的时候，社会生活可能变得很复杂。当一个角色的观念与另一个角色的观念发生冲突时，这种选择就会产生角色冲突的问题。例如，当男教师试图与女学生发生性关系时，其结果就是角色冲突，会严重地损害这两个角色。[1]对老师来说，他不可能像对待其他学生那样对

---

1 当然，这种关系也可以发生在女教师和男学生之间，或者同性的教师和学生之间。但这里重点讨论的问题，绝大多数发生在处于权威地位的男教师和在某种程度上从属于他们的女学生之间。例如，参见 Center for Research on Women, *Secrets in Public: Sexual Harassment in Our Schools*,（转下页）

待她。对学生来说，这种冲突不仅会威胁到她在学校这个狭窄的范围内的成功，还会威胁到她的整个职业生涯和生活，特别是对研究生来说。如果她拒绝了，那么老师可以利用自己的权力在学术上排斥她或惩罚她。如果她同意了，那么她可能在一段时间内受益于某种偏袒，但总是很容易被这种偏袒摧毁。如果被别人发现了，她可能被诋毁为"靠睡觉上位"。或者，如果她使他不悦，或他厌倦了她，那么他可能会决定用自己的地位对付她。[1]

从结构视角来看，老师和学生之间的性关系不可能是平等的，因为角色定义了他们在系统中的位置，而这些角色**在本质上**是不平等的，因此不可能实现平等。无论老师是否愿意这么做，他在原则上可以控制分数和其他有价值的奖励，因为这是系统的一部分，也是他占据的位置的一部分。考虑到这一点，牵涉其中的两个人可能**认为**这是一种基于平等的关系，但他们必须假装自己在某种程度上超越了系统的力量——系统定义的关系塑造了参与其中的人。尽管有可能发生重大的冲突，但仍然有可能产生一段健康的关系。然而这

（接上页）Wellesley College Center for Research on Women, 1993; Billie Wright Dziech、Linda Weiner, *The Lecherous Professor: Sexual Harassment on Campus*, Beacon Press, 1984; Michele A. Paludi、L. A. Strayer, *Ivory Power: Sexual Harassment on Campus*, State University of New York Press, 1990。

[1] 例如，参见 Joan Abramson, *Old Boys — New Women: Sexual Harassment in the Workplace*, Praeger, 1993; Center for Research on Women, *Secrets in Public*; Dziech and Weiner, *Lecherous Professor*; Carol Brooks Gardner, *Passing By: Gender and Public Harassment*, University of California Press, 1995; Barbara A. Gutek, *Sex and the Workplace: The Impact of Sexual Behavior and Harassment on Women, Men, and Organizations*, Jossey-Bass, 1985; Catharine A. MacKinnon, *Sexual Harassment of Working Women: A Case of Sex Discrimination*, Yale University Press, 1979; Paludi and Strayer, *Ivory Power*。

种可能性非常小，这就是为什么许多机构和职业不鼓励或禁止这种关系。这也是为什么职业规范不鼓励医生和治疗师与病人发生性关系，或者律师与客户发生性关系。

作为社会学实践的一部分，这种社会结构的微观视角表明了最小阻力路径如何塑造我们的形象和行为。它也指出了一个系统的外观和人们如何选择参与其中的区别。角色只是观念的集合，没有办法完全确定与这些角色相关的人们会如何行动。治疗师和教师不应该与病人和学生发生性关系，但越来越明显的是，许多人还是这样做了。为什么？

一个原因是，我们同时占有许多不同的身份。例如，教师的角色并不是决定一个教授是否与学生发生性关系的唯一因素。绝大多数的性骚扰和性剥削都是男性对女性实施的，这个事实表明发生了更严重的事情——特别是考虑到这种模式在工作场所、家庭等各种系统中非常普遍。无论是什么原因导致了男性——和非常少的女性——违反了支配教师角色的规范，仅仅通过研究教师角色和学校系统是找不到这个原因的。我们必须考察作为一种身份的性别，以及促使男性不顾人们对教师的期望骚扰和剥削女性的最小阻力路径。

个人的和结构的

我们在生活中体验的大部分事情都关系到某个系统的结构。乍一看，这似乎只是个性或人性的问题，但实际上至少在一定程度上是结构性的——尽管这两者很容易混淆。这通常发生在我们熟悉的系统中，比如家庭。我们以一种切身的和直接的方式体验它们，以至于我们认为它们就是这样，它们根本不是系统。例如，我经常听到学生说，他们的家庭是独一无二的，他们的家庭没有文化或结构，他们只不过是家庭中的人。

这种认知使我很好奇：为什么他们会用同一个词——"家庭"——指代这些本应该毫无共同点的群体。既然家庭生活那么独特，为什么每个家庭看起来都如此惊人地相似，以至于当我们看到一个家庭的时候，几乎总是能分辨出它是"家庭"？无论每个家庭有什么特质，它们都是家庭，因为它们是一类特殊的社会系统，具有区别于其他类型的社会系统的特征。

即便每个家庭都是独特的，这也不可能向我们详细地解释系统的模式——这些模式以可识别的方式塑造了家庭，也塑造了我们在家庭中的生活。家庭的"独特性"也无法解释我们在家庭中发现的模式——例如，贫穷、种族主义、性别主义和离婚对家庭生活的影响，或者基于异性恋、女同性恋或男同性恋婚姻的家庭会有何不同，或者其他更宏观的公共层面的东西。即使是最私人的情感问题，也越来越多地与家庭作为社会系统的运作方式有关。例如，许多心理治疗师绝不会在没有看到家庭其他成员的情况下治疗青少年患者，因为他们知道个人问题不会凭空发生。我们内心的情感生活从来不只是内心的情感生活——它们总是与社会背景有关。

例如，人们经常用纯粹的心理学角度解释家庭中的虐待。但这忽略了一些研究，它们表明，虐待儿童、伴侣或老人的人，与其他成年人并没有个性上的明显不同。关于性暴力的广泛研究，未能确定一种区分男性犯罪者和"正常"男性的个性。在性方面，实施强奸的男性似乎和其他的男性没有什么不同，只是总体上表现出了稍高的暴力倾向。我们无法在个人的头脑和个性中找到对"亲密暴力"的解释，因为对它的解释**既是系统的，也是个人的**。[1]

男人犯下了最严重的家庭暴力和性剥削，这个简单的事实本身就是一个具有重大意义的结构事实。"男人""丈夫""父亲"都是社会身份，它们联系着占据这些身份的人的最小阻力路径。许多亲密暴力的犯罪者占据这些身份，这迫使我们放弃追问个人的问题——作为个人的男性是好人还是坏人，转向更重要的系统的问题——他们参与的系统增加了虐待行为的可能性。

例如，电影、电视、音乐、电子游戏和其他形式的流行文化，通常将控制和施暴的能力美化为"真男人"的关键特征，并把不符合标准的男人诋毁为"懦夫"。即便是总统也担心被视为软弱，因此可能会做一些愚蠢的事情，比如为了不留下软弱和犹豫的印象，他们在没有充分理由的情况下发动战争。所以，男性比女性更有可能虐待伴侣和孩子，这并不令人惊讶。

那些在家庭决策方面权力比妻子更大的男性，那些因为失业而不符合"养家者"的文化标准的男性，尤其可能有虐

---

[1] 例如，参见 Susan Brownmiller, *Against Our Will: Men, Women, and Rape*, Simon and Schuster, 1975; David Finkelhor、Kersti Yllo, *License to Rape: Sexual Abuse of Wives*, Holt, Rinehart, and Winston, 1985; Michael A. Messner、Donald F. Sabo, *Sex, Violence, and Power in Sports: Rethinking Masculinity*, Crossing Press, 1994; Myriam Miedzian, *Boys Will Be Boys: Breaking the Link between Violence and Masculinity*, Doubleday, 1991; Diana E. H. Russell, *Sexual Exploitation: Rape, Child Sexual Abuse, and Workplace Harassment*, Sage, 1984; Peggy Reeves Sanday, *A Woman Scorned: Acquaintance Rape on Trial*, Doubleday, 1996; Patricia Searles、Ronald J. Berger 编, *Rape and Society*, Westview Press, 1995。

待的行为。在发生虐待行为的家庭中,如果妻子在经济上依赖于家庭,没有钱搬出去独自抚养孩子,这种虐待就更有可能继续发生。暴力的威胁也加剧了这种依赖,下面这种情况并不罕见:女性继续留在受虐待的家庭,因为如果她们离开,就会受到更严重的暴力威胁。

家庭系统中的权力结构创造了更有可能发生暴力的最小阻力路径。从这个角度看,如果我们生活在一个支持女性独立和性别平等的社会,如果我们生活在一个更加重视妇女和儿童的健康和安全的社会,如果我们生活在一个不用控制、支配和施暴的能力检验男子气概的社会,那么男性对妇女和女孩的暴力就不会像在现在的美国这么流行。这并不意味着一切都是社会的错,也不意味着我们不应该追究个人施暴者的责任。但它确实意味着,如果想改变普遍存在的虐待行为的**模式**,我们必须看到这些模式如何与最小阻力路径联系在一起,**以及**人们如何选择是否遵循最小阻力路径。

我们还应该考虑到,社会系统的组织方式会促进破坏性行为,这种行为违背了重要的文化价值观。以盗窃、抢劫和毒品交易为例,人们犯下这些罪行是为了得到他们想要却买不起的东西。违法者参与的社会是不是促进了这种行为,仿佛它是一条最小阻力路径?罗伯特·默顿的越轨和机会结构理论给出了明确的回答:"是的。"[1]

默顿指出,资本主义工业社会非常重视积累财产。人们把美好生活描述为充满了各种商品,购物和消费通常可以让

---

[1] Robert K. Merton,"Social Structure and Anomie", *American Sociological Review* 第 3 卷(1938),第 672—682 页。

我们对自己和生活感觉更良好。无论你属于哪个社会阶级，都不可能摆脱源源不断的广告及其潜在的信息：去买那些你没有的东西，这几乎可以解决所有的个人问题。

我们都已经知道了财产的文化价值，但**获得**这些财产的合法机会，却以极其不平等的方式分配。大多数人没有高薪的工作，买不起展示在大众面前的许多商品。我住在康涅狄格州的哈特福德附近，这是美国最贫穷的城市之一，同时也是最富有的一个州的首府。一条高速公路经过了该市的一些最穷困的街区，多年以来，公路旁的广告牌上醒目地挂着劳力士手表的广告，这个品牌的价格通常高达数千美元。我一直在想，哈特福德的大多数居民会如何看待这幅广告与他们自己的关系，以及与他们买得起的东西的关系。各种各样的人每天都会开车经过那个广告牌，忍不住看上面的信息——"这个东西是每个人都应该想要拥有的"——但只有少数人买得起。共有的价值和不平等的机会分配结合在一起，这使得社会鼓励人们**欲求**的东西很相似，而以社会认可的方式**获得**他们欲求东西的能力，却有很大的差异。

陷入这种困境会产生一种紧张和矛盾的感觉，人们会试图解决这个问题。一种方法是以合法的方式努力工作——比如找一份工作——从而获得社会鼓励我们欲求的东西。然而，机会结构是不平等的，没有足够的好工作分配给每个人，所以这种方法只适用于一部分人。对其他人来说，这种选择没有什么吸引力。还有一种选项是放弃文化价值，认为财产根本不重要。但这一点很难做到，因为我们在很小的时候就获得了价值观，它们不容易被摆脱，特别是当我们上网、打开电视或开车经过州际公路的时候，这些价值观一直在被宣传。

所以，如果我们无法停止欲求，也没有合法的途径获得那些东西，会发生什么？一种答案是默顿所说的"创造性越轨"：如果获得劳力士（或者养活孩子，或者穿好的衣服）的唯一方法就是犯罪，那么我们就会这样做。另一种反应是反抗，挑战系统和它的不平等的机会分配。我们也可以发起革命，要求每个人都有一份好工作，要求财富的重新分配。或者，我们可能会彻底脱离社会，搬到山间小木屋，尝试自给自足，放弃对财产的追求，放弃在不违法的情况下拥有那些东西的所谓"正常"生活。

社会鼓励人们欲求的东西，以及获得它的合法机会，这两者的分配差距越大，越轨行为就越有可能发生，无论是以创造的、反抗的还是脱离的方式。这并不意味着高犯罪率完全是因为人们缺少他们欲求的东西。相反，高犯罪率是因为人们缺少他们**周围**其他人拥有的东西，也缺少他们的文化认为他们**应该**拥有的东西。

如果一个社区里的所有人都有相同的生活水平，那么他们共有的价值观往往会与他们的共同条件相一致。但是，如果一个社区里的穷人和富人相邻，盗窃等财产犯罪就会更加普遍，因为他们有共享的财富价值观，却只有各自的获得财富的机会。这正是研究人员发现的结果。例如，一项研究发现，在收入不平等程度最高的城市，入室盗窃和偷盗的发生率最高——这与贫困的绝对程度无关。[1] 因此，在高度贫困的社区，人们几乎都有相同的处境，犯罪率会低于那些总体上比较富

---

[1] D. Jacobs, "Inequality and Economic Crime", *Sociology and Social Research* 第 66 卷，1981 年第 1 期，第 12—28 页。

裕，但部分人更加富裕的社区。

价值的分配和机会的分配是**系统**的特征，而不是参与其中的个人的特征。以作弊的学生为例，他们在一定程度上是为了回应学校作为系统的组织方式。大多数的学校文化很重视成绩，却没有平等地分配获取成绩的合法方法。学生从老师那里获得多少鼓励和支持，会因性别、种族、族群和社会阶级的不同而有很大的差异。此外，学生参与学校活动的时间和精力也是不相同的（特别是当他们必须工作来养活自己的时候）。他们带到学校的出生背景、家里的可用资源，以及他们能在多大程度上发展自己的能力和天赋，也都是各不相同的。除了这种差异，还有一种更常见的按比例评分的做法，即每个班级必须有一定比例的学生表现不佳，从而画出曲线较低的一端。结果是，形成了一个竞争性的系统，它的最小阻力路径是鼓励学生作弊，或者通过妨碍其他学生来"降低曲线"。

这个解释并没有告诉我们，哪些学生在参与学校系统时会作弊；但它的确告诉了我们，作弊的行为模式肯定会发生，因为系统增加了这个方向的概率。如果我抛掷一枚均匀的硬币，从长期来看我可以确信，结果是反面和正面的比例大致相等。然而，知道了这一点，并不能告诉我每次抛硬币时会发生什么。同样，了解一个社会系统如何运作，并不能告诉我们每个人在特定的时刻将如何参与，因为社会学实践并不预测个人行为。它涉及的是理解社会环境如何以某种方式塑造行为模式，以及由此产生的后果。

从社会学的角度看，重要的并不是某个学生是否作弊，而是作弊人数的多少，或者不同的学校或社会群体是否有不同的作弊率。学校里的作弊和社会中的犯罪之所以成为问题，并不是因为**这个**人作弊，**那个**人偷窃，或者**这个**人生活在贫困之中。当然，在谈论自己或者熟人的时候，个人的行为对我们很重要。但让我们警觉的，并不是人们一直最关心的贫困、暴力或经济危机问题。真正让我们警觉的是，在某种程度上，我们知道这些问题植根于我们都参与的系统。因此，我们所有人每时每刻都卷入其中。

结构即关系

身份在社会生活的结构中很重要，这种重要性体现在使身份彼此关联的关系上。在某种意义上，身份具有内在的关系性，因为**如果没有**与其他身份的联系，身份就不会存在。如果不提及雇员、女儿或学生等身份，你就无法描述经理、母亲或老师。任何表示位置的东西都是如此。"纽约"这个名字本身没有意义，除非它与某个距离和方向上的其他地方联系起来。如果一个社区或文明完全没有意识到自身之外的其他事物，那么人们觉得最没必要做的事情可能就是命名它。

将身份（或者整个系统，或者部分系统）彼此联系起来的关系，就是我们所认为的社会结构的主要部分。当人们参与其中的时候，观察系统的各种结构方面是如何形成的，这是社会学实践的关键。

例如，每一个系统都有一种角色结构，它由许多身份和角色关系组成。最简单的结构是彼此相关的两种相同的身份，比如女同性恋婚姻中的两个伴侣。异性恋婚姻更复杂，因为这两种身份按性别分为了妻子和丈夫；而在文化上，妻子相

妻子 ——————————— 丈夫

图 2　异性恋婚姻的角色结构

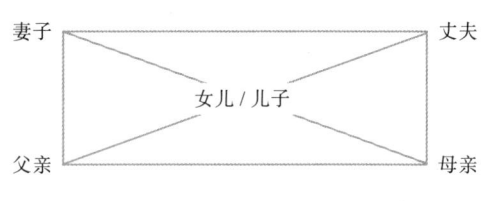

```
妻子                           丈夫
   ┌─────────────────────┐
   │        女儿/儿子       │
   └─────────────────────┘
父亲                           母亲
```

图 3　有一个孩子的异性恋婚姻的角色结构

对于丈夫的角色不同于丈夫相对于妻子的角色。无论是哪一种情况，只需要在婚姻系统中增加另一种身份——孩子，就可以彻底地改变婚姻系统。这一点初为父母的人再清楚不过了。

在异性恋婚姻中增加一个孩子，不仅增加了"孩子"这种身份，也增加了"母亲"和"父亲"的身份。结果，角色结构从两种身份变成了五种身份，角色关系的数量从一种变成八种，即使参与系统的人只有三个（见图2和图3）。生活突然变得很复杂，带来了熟悉的压力和困惑模式。

例如，女孩的父亲也是她母亲的丈夫，妻子的丈夫也是她孩子的父亲。在这样的一个系统中，人们与谁交流，人们关注谁，人们在特定时刻满足谁的需求，以及人们对彼此的感觉，都来自几条最小阻力路径同时生效的复杂相互作用。丈夫妒忌他的妻子（她也是母亲，只不过不是丈夫的母亲）对新生儿的关注，这在经常发生的结构性现象中是最著名的，因为家庭结构增加了这种可能性。例如，如果每个家庭都有多个成年人照顾孩子，那么家庭的动态将非常不同于以异性恋婚姻为基础的典型的核心家庭[1]。

如果把亲生父母替换成继父母，家庭的角色结构可能会进一步复杂化。当原来家庭的一方或双方再婚的时候，这种情况就会发生。由于孩子只与一方的配偶有血缘关系，而父母的另一方没有住在一起，这种系统就会产生潜在的冲突和反感。除非继父母在新的家庭中找到自己的位置，否则他们会感到被冷落，得不到继子女的忠诚、喜爱和尊重。竞争还可能发生在争夺生父或生母的关注和忠诚上，生父或生母会在孩子和新伴侣之间左右为难。反对继父母的结盟——孩子与生父或生母联合起来对抗新来的人——总是很危险的，尤其是当孩子仍然希望他们的亲生父母破镜重圆的时候。

这些结构的信息无法告诉我们每一个家庭会发生什么。然而，它的确很详细地说明了内在的最小阻力路径，以及当人们遵循这些路径时，家庭动态可能被引向何处。例如，当继父母感觉被继子女排斥和冷落时，他们一定会认为这是针对自己的。但如果他们知道，系统的结构会让事情朝着这个方向发展，直到日常生活的互动出现新的结构，这种结构又反过来塑造了每个家庭成员选择如何参与其中，那么他们可能会感到安慰。

我们可以用这种方法分析每一个社会系统：从最小、最简单的系统，到最大、最复杂的系统；从企业和政府的信息流动，到军队或恐怖组织的指挥和控制；从社会运动的成败，到城市帮派的角色结构；从国际冲突和全球经济的结构，到

---

[1] 核心家庭（nuclear family），指由一对夫妻（异性婚姻或同性婚姻）及其未婚子女组成的家庭。与之相对的概念是扩展家庭（extended family），指在核心家庭的基础上还包括兄弟姐妹、祖父母、叔伯等亲戚的多人家庭。——译者注

管理式医疗健康系统中的医患关系的变化。关于结构如何塑造社会生活的基本问题贯彻始终。

例如，我们可以追问，工业社会和非工业社会在世界经济中扮演了什么样的角色，这些社会如何扩大富国和穷国之间的差距，如何增加这些国家内部的不平等。所有这些都可能会鼓励抵抗运动，包括诉诸恐怖主义和其他暴力手段的抵抗运动。我们还可以追问，当企业关闭工厂以及将工作岗位从一个地方转移到另一个地方，或者只以低工资和无福利的方式雇用兼职员工，从而使利润和投资者回报最大化的时候，全球动态如何影响小规模的家庭生活。社会学实践总是把我们引向一个重要而艰难的真理：所有事物都是以某种方式相互关联的。这个真理使社会学实践具有挑战性，但也给了它巨大的希望。

结构即分配：谁获得什么

我们在前面已经看到，由于妻子和丈夫之间的性别差异，异性恋婚姻的结构比女同性恋或男同性恋婚姻更复杂。然而，差异并没有这么简单，因为结构的概念还包含了系统中的各种分配。

例如，在大多数社会中，丈夫往往拥有更多的权力，这反映了男性通常在父权制社会中拥有的特权位置。和所有的社会系统一样，家庭将资源和奖励分配给参与其中的人。其中最重要的是权力、收入、财富和声望，但也有可能包含其他的各种利益，比如父母的关注，或者物质文化的获得（比如汽车）。在一个特定的系统中，无论资源和奖励是什么，基本的结构性问题仍然存在：分配有多么不平等，这种分配是如何实现的，这种不平等模式是如何正当化，又是如何维系的，这一切如何通过产生各种各样的后果来影响人和整个系统？

在大多数父权制社会中，男性特权的基础是一种文化：男孩被认为比女孩更重要、更有价值。在许多社会，男孩的出生是值得庆祝的，而女孩的出生是令人失望的，甚至会被视为灾难。即便是在美国，当被问到"如果只能生一个孩子，你希望是男孩还是女孩"的时候，更喜欢男孩的人比更喜欢女孩的人多43%。[1]

在家庭内部的资源不平等分配中，男性特权表现得最为明显。例如，在中国，女婴可能在出生后被遗弃，或者在童年时就被卖掉，成为童养媳或雏妓——这种性交易现在是全球性的，也包括欧洲和美国。在19世纪的爱尔兰，女孩的存活率远低于男孩，主要原因是食物等资源在家庭中的分配方式。[2]

如今，无论是在社会之内还是在社会之间，建立在阶级、性别、种族、残疾状况、族群、年龄或性取向等方面的社会不平等模式，成了社会系统运作的主要特征。这些模式的核心是权力的分配。权力是社会学实践中最重要的概念之一，也是最难处理的概念之一，因为权力的定义有很多种。标准定义来自19世纪德国社会学家马克斯·韦伯，他尤以关于官

---

[1] Gallup Poll, 2011年6月9—11日，链接：www.gallup.com/poll/148187/Americans-Prefer-Boys-Girls-1941.aspx。

[2] Robert E. Kennedy, Jr., "The Social Status of the Sexes and Their Relative Mortality in Ireland", William Petersen 编, *Readings in Population*, Macmillan, 1972, 第121—135页。

僚制的前瞻性著作而知名。韦伯认为，官僚制是一种组织和运用某种特定权力的方式，他的著作正确地预测了官僚制将成为社会机构的主导形式，几乎涉及学校、宗教、政府等社会生活的方方面面。

韦伯将权力定义为不顾反对地控制事件、资源和人民的能力——换句话说，权力是一种控制、强制和统治的手段。这种形式的力量无疑是当今社会中最受重视的一种，但它并不是唯一的可能性。例如，合作与分享是一种力量，促进我们无法控制的过程也是一种力量。举个例子，助产士在分娩过程中扮演了强有力的角色，但他们并没有控制分娩，也没有统治分娩的人。在宗教和社区仪式中，人们聚在一起也是一种强有力的体验，这种体验强化了归属感和生活的意义。与此相关的是精神力量，通常来自触动人心的生命体验和精神实践——人们从中体验到了巨大的力量，但并不是那种强制或控制的权力。

然而，在父权制世界中，人类的控制能力被极大地推崇，以至于"power"（权力/力量）和"powerful"（强有力的）总是看起来像韦伯的意思，而不是上面所说的其他"力量"。但考虑到这个世界在很大程度上是围绕着这种形式的力量组织起来的，考虑到它产生的重大的社会后果——尤其是以特权和压迫的形式——韦伯的定义是社会学中最常使用的定义。

系统和系统：家庭和经济

要理解社会生活中的任何事物，就必须看到它与社会生活其他方面的联系，这个原则适用于系统之内，也适用于系统之间。举个例子，如果比较两个世纪前的家庭生活和现在的家庭生活，我们会发现巨大的差异，部分原因是经济生活的组织发生了同样巨大的变化。

在 18、19 世纪工业资本主义兴起之前，美国的大多数商品主要是由家庭生产，供自己使用。人们种植和饲养了他们所吃的大部分食物，制造了从衣服到蜡烛的一切，通过以物易物交换了他们需要的其他东西。同样的模式也出现在我们今天认为的大多数"服务"中。人们自己不能做的事情，他们就会与邻居合作——从建造谷仓到收割庄稼——或者与邻居交易，用服务换取服务。钱只起到了很小的作用，通常是在年底用于结算付出的服务超出获得的服务的部分。

父权制家庭的权力结构主要基于男性的土地所有权，但家庭中实际发生的事情以女性为中心，因为她们负责大多数生产性工作，包括抚养孩子。男性垄断了某些生产领域，比如耕田种地；但女性生产了家庭成员使用和消费的大部分物品和服务，比如衣服、食物、蜡烛、肥皂等。

因此，女性占据了一个矛盾的位置——在权力结构中居于从属，但在角色结构中不可或缺。在某种程度上，男女之间的相互依赖可能削弱了父权统治的影响，因为大多数男人非常需要女人，否则就无法充分利用自己作为一家之主的权威。

在这些家庭角色结构中，儿童也占有一席之地。由于大多数人生活在农场，儿童从很小就开始工作。在 19 世纪中后期广泛地推行公立学校后，假期的安排是根据家庭在种植和收获季节对儿童劳动力的需求，这就是学校在夏天放假的原因。由于儿童经常和父母等成年人一起工作，因此有了很多跨世代交流的机会，尤其是与父母交流。抚养孩子仍然主要是母亲的责任,但由于家庭的生活和工作在同一个地方,父亲也有理由积极关心孩子的发育。[1]

随着工业资本主义的兴起,工作和家庭生活的结构发生了变化,其影响至今仍然存在。随着人们离开农场到城市工厂工作,"生活和工作在同一个地方"逐渐成为过去时。这给父母造成了人类历史上从未有过的困境:他们无法在从事生产性工作的同时照顾自己的孩子。下层阶级和工人阶级的许多家庭没有夫妻双方的收入就无法生存,所以孩子必须在很多方面自己照顾自己。但对于不断扩大的中产阶级,这种困境得到了解决:妻子留在家里,丈夫外出挣钱。

和经常发生的情况一样,中产阶级和上层阶级的模式成为普遍的文化理想,因此,工人阶级的丈夫和父亲越来越多地用如下的标准衡量成功:有没有能力单靠自己养家糊口,有没有能力把妻子和孩子"留在"家里。这就是为什么男性工人要求并最终赢得了一份"家庭工资"[2],使他们可以用自己的收入养活整个家庭。这不仅仅是对工作的让步,因为它也有助于男性维持在家庭中的主导位置。[3]

---

[1] 关于此话题的更多内容,参见 Carl N. Degler, *At Odds: Women and the Family in America from the Revolution to the Present*, Oxford University Press, 1980; Robert L. Griswold, *Fatherhood in America: A History*, Basic Books, 1993; Eli Zaretsky, *Capitalism, the Family, and Personal Life*(增订版), Harper and Row, 1986。

[2] 家庭工资(family wage),指能养活一个家庭的工资;与之对应的是生活工资(living wage),指足以维持一个人生活的工资。——译者注

[3] 参见 Heidi Hartmann, "The Unhappy Marriage of Marxism and Feminism: Towards a More Progressive Union", Lydia Sargent 编, *Women and Revolution: A Discussion of the Unhappy Marriage of Marxism and Feminism*, South End Press, 1981, 第1—41页; Martha May, "Bread before Roses: American Workingmen, Labor Unions, and the Family Wage", Ruth Milkman 编, *Women, Work,*(转下页)

因此，工业资本主义制度的特征从根本上撕裂了典型的家庭角色结构。女性从事的生产性工作——烤面包、制作肥皂、织布——迅速地被那些能更快、更便宜地完成这些工作的行业取代了。这意味着，照顾孩子第一次成为中产阶级女性的全职工作，同时她们还需要承担一些家务劳动，比如打扫卫生。逐渐地，孩子把大部分时间花在母亲身上，丈夫和妻子不再并肩工作。

生产从家庭转移到工厂，也影响了儿童在家庭和其他地方的角色。让儿童在工厂里工作，虽然可以为家庭提供额外的收入，但也让儿童与成年人竞争。再加上人们担心儿童容易受到剥削——工作条件差、工作时间长、工资收入低——法律禁止了童工，取而代之的是义务教育。随着儿童在成人的工作世界失去了自己的位置，"青春期"作为童年和成年之间的一个发育阶段出现了，同时也深刻地影响了年轻人的文化观。例如，当孩子在家庭中失去经济价值时，他们对父母的情感价值就增加了。[1]

但无论是过去还是现在，孩子对父母的情感依恋都不足以取代他们在家庭生活中的积极生产作用。在资本主义改变世界之前，每个社会的儿童都是家庭中的生产力成员。当儿童失去了这一位置时，他们需要一些替代性的获得价值感和归属感的东西。

这个东西就是一种不断扩大的同侪文化（peer culture）：与周围的成人文化隔绝，而且经常与之发生冲突。由于青少

（接上页）*and Protest*, Routledge and Kegan Paul, 1985。

[1] 参见 Viviana A. Zelizer, *Pricing the Priceless Child: The Changing Social Value of Children*, Basic Books, 1985。

年排斥主流的文化价值，他们的越轨和暴力行为也越来越多。例如，青少年男性的犯罪行为比其他任何群体都要多。正如玛格丽特·米德在关于萨摩亚青少年的经典研究中指出，这种模式可能反映了家庭和经济生活结构的广泛的历史转变，以及这些转变如何剥夺了年轻人在家庭和社会生活中的安全和有意义的位置。[1]

因此，工业资本主义制度在几个方面损害了妇女和儿童的社会位置。它也影响了男性，尽管方式和程度不同。[2]至少从社会及其回报的角度来说，生产远离住家和农业，这实际上摧毁了作为经济生产系统的家庭。而家庭中发生的事情仍然对经济发展至关重要，因为如果没有家庭，就没有地方照顾和养育劳动力，也没有地方使未来的劳动力长大成人。但这种贡献很少被认为是具有经济价值的生产性工作。

资本主义工业革命的结果是，拥有土地和主导家庭不再是男性的父权制权威的基础。换句话说，男性还是一家之"主"，但这个"家"已经不再作为声望和权力的主要来源，失去了它的大部分重要性。这个世界仍然是父权制的，仍然以男性主导、男性认同和男性中心的方式组织起来，但男性个体在世界**之内**的位置发生了巨大的变化。如今的大多数男性不像过去的农民或独立工匠那样对生产有任何权威，而是在雇主控制的条件下为工资而工作。这种转变意味着男性必须寻找其他方式确保和行使男性特权。

---

1 Margaret Mead, *Coming of Age in Samoa*, 1928（重印版, Modern Library, 1953）。

2 参见 E. Anthony Rotundo, *American Manhood: Transformations in Masculinity from the Revolution to the Modern Era*, Basic Books, 1993。

一种方法是，男性控制着自己挣的工资和家庭用工资购买的物品。例如，女性不被允许拥有财产、签订合同或者花男性挣的钱。然而，男性却享受着前所未有的独立。以工资为基础的资本主义经济允许人们通过家庭以外的途径挣钱谋生。这打破了以前的那种强大的经济相互依赖，这种依赖把女人、男人和儿童捆绑在一个生产性家庭系统中。

由于男性特权使男人可以避免照顾孩子，所以男人可以——而且确实——以女人做不到的方式利用这种独立的可能性。今天的许多人认为，这种男人在外工作养家糊口、女人待在家里"不工作"的安排是组织家庭生活的自然方式，在每个社会中都以某种形式存在。但事实上，这种社会发明是最近才出现的，并没有在很长的时间内占主导地位——就像妻子、母亲等女性大量进入有偿劳动力市场不过是20世纪后半叶的事情。

在许多方面，女性正在完成男性一个多世纪前就已经开始的家庭角色功能的转变。在这个意义上，职业女性并不意味着与传统的家庭生活彻底背离。女性一直以富有经济生产力的方式工作，事实上，最早是男性提出了父母与孩子分开工作的想法。妻子和母亲外出工作的模式，是家庭长期适应工业资本主义世界的一部分，这个世界要求大多数成年人为了家庭的生存而工作——就像之前的每一个社会。

在资本主义工业革命时期，男性离家工作给家庭生活带来了压力；如今，女性脱离严格的家庭角色也产生了类似的影响，尤其是在照顾孩子方面。这种情况不仅仅是妇女运动的结果，也不仅仅是因为现在的女性更多地选择外出工作。它源于经济和家庭结构之间的持续紧张关系，这种紧张最开始是这么解决的：一段时间内，在某些社会阶级中，妻子和母亲待在家里，在经济上依赖她们的丈夫。随着妻子和母亲外出工作，解决这种紧张关系的旧方法不再有效，这就是为什么美国存在育儿危机（有钱的家庭雇用女性为他们照顾孩子除外）。

大量的成年人能够在不受家庭生产系统束缚的情况下谋生，这在资本主义工业革命之前是闻所未闻的。当这种独立成为可能时，它改变了家庭生活的形式，以及女人、男人和儿童之间的关系。独居人口的比例，以及二十多岁未婚男女的比例，经历了过去几十年的快速增长，如今正在稳步上升。非家庭住户[1]的创建速度是家庭住户的两倍。[2] 与此同时，雇主开始感到有压力，需要做点什么来缓解必须工作的家庭成员的紧张。这种情况将如何发展，很大程度上取决于人们是否愿意提出一些棘手的问题：家庭是什么，为什么家庭很重要，以及经济系统应该为参与其中的人提供什么。

结构-文化联系

文化和社会结构的概念是思考社会生活的工具和手段，有助于揭示事物的运转。它们是有用的，因为它们关注现实

---

[1] 非家庭住户（nonfamily household），指住在一个房子里，但并非一家人的同住者，包括合租的室友、未结婚的情侣。"household"这个词也译作"家户"，多用于人口统计学中，指同一住所中居住的一个人或多个人。家户的概念包含了家庭（family），但家户中的人不必有亲缘关系，人数也可以为1。——译者注

[2] U.S. Census Bureau, *Statistical Abstract of the United States: 2012*, U.S. Government Printing Office, 2013, 表格59。

的不同层面,这样我们就可以在脑海中把它们重新组合成一个连贯的整体。由于文化和结构有自己的名字,通常被分开讨论,所以它们在现实中通常被认为是分开的——这是文化,那是结构。

然而,正如我在第一章末尾指出的,我们绝不会只发现文化或者只发现结构,因为社会生活中的所有事物,从人到系统,都只存在于和其他事物的关系中。因此,理解文化和结构**本身**只是一个开始,我们还必须知道,在涉及文化和结构的关系以及参与系统的人时,文化和结构如何塑造社会生活。

例如,我们可以认为种族偏见是一种文化态度,它结合了对不同种族的刻板信念和"某些种族高人一等"的价值观。不符合白人标准的人被视为劣等,浅肤色比深肤色更受欢迎。

偏见与社会的结构层面联系在一起,尤其是角色结构——谁可以做什么——以及权力、声望等资源和奖励的分配;若非如此,偏见就不会成为一个问题。经济和法律系统、政治权力、儿童在学校里的待遇和行人在街上的待遇、医疗保健和影响生活质量的各种社会服务,这些方面存在着系统性的不平等模式;若非如此,偏见就只会造成情感上的伤害。在这个意义上,种族主义不仅仅是一种思维方式或感觉方式。种族主义是整个社会系统结构的组成部分,它以牺牲其他群体为代价,赋予某些群体特权和权力。

我们可以认为,文化偏见是结构性不平等的结果和原因。例如,在美国,对黑人的负面偏见造成了一种最小阻力路径:白人苛待黑人,并且可以不受阻碍地继续这样做。这种影响也在另一个方向上起作用:如果白人苛待黑人是为了维护白人特权，那么白人可以利用对黑人的负面观念为这种行为辩护，使这种特权看起来很合理，甚至根本不算特权。因此，结束种族主义不仅仅是改变对种族的习惯性的思维方式或感觉方式。它也涉及一套复杂的结构安排，正是这种结构安排塑造了白人特权的系统，而让白人放弃**这一点**是更大、更困难的任务。

例如，如果黑人不集中在下层阶级和工人阶级，他们就会给中产阶级的白人带来更多的就业竞争，也无法成为资本主义企业的廉价劳动力来源。所以，白人或资本主义企业不太可能欢迎这种种族进步。于是，人们更容易将文化偏见视为单一的问题，而不太容易关注偏见所支撑的白人特权和资本主义经济结构。无论我们多么成功地改变了种族主义的文化层面，我们仍然必须设法解决它的结构问题。[1]

种族主义的文化和结构层面不仅与它们的运作方式有关，还与它们的变革动态有关。例如，关于种族的刻板信念是围绕着真实的或想象的差异组织起来的，这些差异被扭曲和夸大，最终以牺牲其他种族为代价使一个种族受益。这种信念被推广到目标群体的每一个成员身上，而且通常被认为是他们与生俱来的——人们有这样的刻板信念，仅仅是因为他们所属的种族群体。这些信念很少能准确地描述真实的人，因此破坏这些信念的最好方法就是让人们有机会感受不同种族的人，看看他们实际是什么样的。但如果人们生活和工作在种族隔离的社区，这种情况就不可能发生。例如，美国的街

---

[1] 从文化和结构两个方面清楚地考察种族主义，参见 David T. Wellman, *Portraits of White Racism*（第二版），Cambridge University Press, 2012。

区和学校的种族隔离非常严重,必须让大部分学生搬家,才能使每个种族在学校中的比例大致相当于在整个人口中的比例。[1]

种族隔离很容易延续刻板印象,因为人们从来不需要用现实来检验它们。然而,如果为人们创造一起工作和学习的机会,从而改变种族关系的结构,我们的刻板印象就很容易在关于人们真实性格的确凿证据面前瓦解。[2] 如此一来,种族融合减少了种族刻板印象,增加了跨种族的友谊,特别是当人们在团队中合作、为了实现共同目标而相互依赖的时候。这就是为什么军队和运动队通常比其他系统更好地处理了种族主义的问题。

文化和结构的相互作用是社会生活的基础,因为文化价值观的转变会促使权力结构分配的转变。例如,在美国教育史上的几个时期,学校对学生自主和个人成长的重视程度大大提高,以至于许多学校的权力结构发生了转变,使学生对学什么和怎么学有了更大的掌控权。

结构上的转变也能刺激文化上的变革。就在 20 世纪 60 年代,离婚还被认为是一件可耻的事,甚至会毁掉一个人的

---

1 William H. Frey, "Census Data: Blacks and Hispanics Take Different Segregation Paths" (Brookings Institution, 2010), 链接:www.brookings.edu/research/opinions/2010/12/16-census-frey; Reynolds Farley、William H. Frey, "Changes in the Segregation of Whites from Blacks during the 1980s", *American Sociological Review* 第 59 卷 (1994); Douglas S. Massey、Nancy A. Denton, *American Apartheid: Segregation and the Making of the Underclass*, Harvard University Press, 1998。

2 参见 Lee Sigelman、S. Welch, "The Contact Hypothesis Revisited: Black-White Interaction and Positive Racial Attitudes", *Social Forces* 第 71 卷,1993 年第 3 期,第 781—795 页。

政治生涯。然而，随着离婚人数的增加，离婚现象变得更加常见，也更容易被社会接受，人们也不再觉得离婚是一种包袱。

类似的转变也发生在性取向方面：男同性恋者、女同性恋者和双性恋者出柜，增加了他们在家庭、社区、工作场所、学校和宗教场所的能见度。从2003到2013年，同性婚姻的接受度急剧上升，其中一个主要原因是，认识女同性恋者、男同性恋者或双性恋者的异性恋者越来越多。[1]

这些模式表明，社会系统的不同层面既可以相互加强，也可以相互冲突，从而产生压力，并改变最小阻力路径。特权和压迫的模式之所以继续存在，部分原因是它们符合强大的文化观念：男性、白人、异性恋者等主导群体具有优越性。然而，同样的模式也违背了一些重要的文化价值：机会平等、公平、宽容、自由和尊重差异。

这种矛盾为美国带来了冈纳·缪尔达尔[2]所说的"美国的困境"[3]，迫使人们面对这样一个事实：包括种族主义在内的生活方式违反了美国最珍视的一些价值。在20世纪50年代和60年代，小马丁·路德·金和民权运动中的其他人利用这种矛盾作为影响力的强大来源。他们并没有呼吁白人改变文化价值观，而是要求白人尊重和实践现有的价值。这种方法

---

[1] Pew Research Center, *A Survey of LGBT Americans: Attitudes, Experiences, and Values in Changing Times*, Pew Research Center, 2013; Pew Research Center, *In Gay Marriage Debate, Both Supporters and Opponents See Legal Recognition as "Inevitable"*, Pew Research Center, 2013。

[2] 冈纳·缪尔达尔（Gunnar Myrdal，1898—1987），瑞典经济学家、社会学家，在1974年获得诺贝尔经济学奖。他最著名的研究是美国种族问题研究，并出版经典著作《美国的困境：黑人问题与现代民主》。——译者注

[3] Gunnar Myrdal, *An American Dilemma*, Harper and Row, 1945。

迫使许多白人做出选择：一边是机会平等和公平这样的价值，另一边是持续存在的种族主义和白人特权的现实。正如缪尔达尔的预测，由此产生的紧张将继续产生变革的压力。

卡尔·马克思最早认真地探讨了矛盾在社会生活中的作用，在关于资本主义作为一个系统如何运作的分析中，这是其中的一个主要部分。[1]资本主义的组织围绕着下面几样东西之间的核心关系：(1)机器、工具、工厂等生产资料；(2)拥有或控制生产资料的人（资本家、公司经营者和投资者）；(3)不拥有或控制生产资料，但利用生产资料创造财富从而换取工资的工人。资本家从这种安排中获利，因为他们占有了工人创造的一部分价值。工人则竭尽全力地保住自己生产出来的价值，从而获得他们的所需。所以，在除掉材料成本和其他费用之后，如果工人生产了价值五百万美元的商品，他们只能保留其中的一部分价值，其余的归资本家和投资者所有。

马克思认为，这种安排在本质上是矛盾的。首先，工人和资本家的利益是冲突的：他们之间的关系在本质上是一种剥削关系，任何一方的成功都以牺牲另一方为代价。与此相关，社会鼓励资本家尽可能多地占有价值，从而增加自己的财富。但如果资本家占有得太多，工人就没有足够的钱购买自己生产的商品，这就违背了经济系统的初衷，引发了危机。

第三，资本主义制度的矛盾还体现在追求经济效率方面——以最低的成本创造最多的财富。在典型的资本主义社会中，效率的衡量是通过生产每件产品（每辆汽车、每蒲式

---

[1] Karl Marx, *Capital: A Critique of Political Economy*, 1967（重印版，International Publishers, 1975）。

耳[1] 小麦）所需要的劳动时间。如果效率提高了，工人每小时的产量也会增加，**但他们的工资没有相应地增加**。换句话说，每小时两倍的产量并不会带来两倍的报酬。

工人的效率和生产力越高，他们的情况就越糟，因为在他们创造的总财富中，工人拥有的**份额**会下降。这在一定程度上解释了20世纪80年代以来美国发生的事情：生产率和企业利润提高了，工人的收入却保持不变甚至有所下降，而社会不平等的总体水平正在上升。例如，在1994至1995年，美国家庭收入中位数的增长速度六年来首次超过了通货膨胀的速度，但仍然低于1989年的平均水平。如果只计算就业收入，那么收入中位数实际上是下降的。[2] 自1999年以来，排除通货膨胀因素，平均家庭收入每年都在下降。[3]

从马克思的视角来看，解决这些矛盾的唯一方法是改变资本主义本身的结构——工人、业主和生产资料之间的关系——以及资本主义和其他制度之间的关系，尤其是资本主义与国家的关系。但这种改变威胁到资本家阶级享有的特权基础。由于资本家有很大的权力和政治影响力，改变资本主义结构的想法在任何时候都会遇到激烈的反对，就像2011年和2012年的占领华尔街运动。因此，矛盾始终没有得到解

---

1 蒲式耳，英美制容量单位，英制1蒲式耳合36.37升，美制1蒲式耳合35.24升。但在涉及农产品的时候，需要把容量转化为重量，例如，1蒲式耳小麦约等于27.22千克。——译者注

2 David R. Francis, "The Economic Expansion Is Finally Paying Off for Most Americans", *Christian Science Monitor*, 在线版，1996年9月27日，链接：www.csmonitor.com。

3 U.S. Census Bureau, *Statistical Abstract of the United States: 2012*, U.S. Census Bureau, 2013, 表格690。

决,系统只能通过其他的方法维持稳定,尤其是通过国家权力。例如,在20世纪早期,工会运动遭遇了来自雇主的激烈反对,甚至经常是暴力反对。联邦政府和州政府经常让军队和警察介入,保护业主的私有产权,比如工厂、火车等资本。

这样的干预至今仍然存在,尽管不太可能公开地使用武力(除了新兴的资本主义工业社会,比如韩国)。例如,在2008年的金融危机之后,联邦政府提供了数百亿美元保护大型银行免于破产,并拒绝起诉做出非法行为的银行官员。这些行为导致了危机,并让数千万人遭受经济损失。[1]

国家还利用自己的资源缓解资本主义对工人的负面影响,比如失业救济金、社会保障制度、福利和医疗福利、低息抵押贷款、大学贷款、劳动安全法规,以及禁止不当劳动行为、调控可能参与就业竞争的移民的相关法律。由于资本主义产生的后果,所有这些福利都是必要的。如果工人能够在他们生产的产品中占有更多价值,如果国家把充分就业视为一个严肃的目标,那么对福利和失业救济的需求就会减少。如果支撑着资本主义的利润动机和竞争不鼓励雇主无情地削减成本,那么联邦法规就不必要求企业花钱确保工人的安全环境。

系统的一部分(如经济)和另一部分(如国家)之间的这种平衡,可以在社会生活的各个层面上稳固和延续系统。例如,当婚姻出现问题时,夫妻经常会选择生个孩子,因为他们相信这会让他们更亲密。换句话说,他们通过改变家庭结构来维持家庭。配偶可能会以更微妙的方式改变家庭角色

---

[1] 参见 Gretchen Morgensen、Joshua Rosner, *Reckless Endangerment: How Outsized Ambition, Greed, and Corruption Created the Worst Financial Crisis of Our Time*, Times Books, 2011。

结构,从而弥补功能失调的关系。例如,孩子可能会陷入这样一种情境:父母的一方希望他们以不恰当的方式满足自己的需求,在极端情况下,包括性和感情的需求。作为家庭系统的一部分,这种三角关系可以持续多年,尽管它对孩子造成了伤害。无论是在资本主义经济还是在家庭中,系统的一部分的结构紧张都与另一部分的变化有关。

系统之内的系统

对社会结构的关注大部分集中在身份上,也就是构成系统的"零件"。角色关系尤其如此。但就像资本主义和国家之间的关系,我们也可以考察系统*之间*发生了什么,因为系统本身是更大的系统的一部分。

例如,要理解家庭中的压力,从家庭本身入手是有意义的。工业资本主义社会的家庭经历了各种各样的压力和紧张——担忧收支平衡、买房、偿还抵押贷款、送孩子上大学、获得良好的医疗保健、在父母双方都外出工作时照顾孩子、应对感情问题、离婚的威胁、暴力和虐待的模式。把家庭视为一个系统,我们可以追问它是如何运作的,家庭成员如何以缓解问题或恶化问题的方式参与其中。

举个例子,核心家庭的结构使两个成年人承受了沉重的负担,如果像扩展家庭那样把这个负担分散在多个成年人身上,它就不会难以承受。在个人层面上,男性承担部分家务的意愿会对家庭生活产生巨大的影响,首先是缓解工作的妻子和母亲的压力和紧张,其次是改变她们与丈夫和父亲的关系。当然,这种选择受到更大的系统的影响:男性特权使男性不必认为自己有做家务的责任,无论他们在被要求时多么愿意"帮忙"。

所有事物都是相互关联的,我们不能**仅仅**通过考察家庭来了解一个家庭中会发生什么。我们还必须了解,家庭及其成员如何与通常更大的其他系统相关联。家庭的生存依赖于生产和分配商品和服务的经济。当经济的组织方式将利润置于参与者的福利之上时,利益冲突就会成为经济和家庭之间关系的一部分。

例如,投资者购买公司股票的目的,不是给那些需要养家糊口、抚养孩子的人提供就业机会。投资者之所以投资,是为了把盈余的资金转化为更多的钱;而在资本主义制度下,最有效的方法往往会导致个人**失业**、家庭混乱和社区紧张。家庭生活受到的影响远远超出了家庭本身的力量,比如企业裁员并将工作岗位转移到海外,目的是比其他公司更有竞争力和获得更多的利润;比如当通货膨胀的速度比工资增长更快的时候,夫妻双方都被迫在外工作。今天,许多家庭承受的压力不仅仅与家庭本身有关,也与连接家庭和其他系统的结构性关系有关。

这种模式出现在每一个社会系统中。例如,城镇和城市彼此相关,同时也与更大的系统(县、州、省和社会)相关,这些关系深刻地影响着城镇内部发生的事情。如果不考察城市和郊区的关系,我们就无法理解美国内城区域的危机。在许多大城市,学校系统急需资金,但学生群体绝大多数是有色人种、下层阶级和工人阶级。这种结合几乎确保了教育和培训方面的持续不平等。

部分问题是,每个社区都负责为学校提供资金。随着中产阶级向郊区迁移，城市人口变得越来越贫困，无法支撑包括教育在内的基本服务。一个结构性的解决方案是重新规划学区，更广泛地分散儿童教育的负担。举个例子，如果以县或行政区为基础划分学区，那么城市和郊区将被视为一个大的学区，资金将在整个学区平均分配。

学区的界限划在哪里，这是一个结构性的问题，它将学区与政治系统联系起来。它改变了我们对"谁负责什么"的定义，改变了当我们说"我们共同面对一切"时的"我们"的定义，改变了谁有责任教育"我们的"孩子的定义。当政治边界决定了财政责任的分配，它也涉及财富的结构性分配，这是郊区社区抵制扩大学区边界的一个主要原因。

考虑到系统和其他系统的关系，我们需要拓展从第一章开头提出的社会学实践的基本原则。不仅个人总是参与到比自身更大的东西，那些"更大的东西"——那些系统——也参与到比**自身**更大的东西。在社会学实践的时候，我们必须从不同的层面考虑社会生活中发生的事情，必须看到群体与机构、社区的关系，机构、社区与社会的关系，社会与其他社会的关系，以及个人如何参与其中。

第四章

人口和人类生态学：人、空间和场所

大多数社会学家认为，社会生活是文化、社会结构和互动——人通过互动参与社会系统——的问题。但这种观点忽略了一个事实：社会生活总是发生在某个**场所**，涉及一定数量的人。

例如，我们可以把人们工作的办公室描述为一个系统，它拥有信念、价值观、规范、角色结构、权力和收入的分配等等。我们可以观察人们如何使用语言和行为进行互动，使办公室系统日复一日地运转。然而，假设公司裁员三分之一。接下来会发生什么？我们该如何理解？

系统的结构是一样的——员工扮演同样的角色，权力分配和奖励分配同样不平等。公司文化也没有改变——规则和目标都与以前相同。真正改变的是参与系统的人数。任何一位裁员幸存者都知道，这种改变可能有深远的影响，因为以前由更多人做的工作，现在必须由更少的人做，而且报酬通常不会增加。他们可能会有很复杂的感觉：为拥有一份工作而感到幸运，或者对那些失业的人感到愧疚，然后是对接下来可能发生的事情感到焦虑和沮丧，因为他们知道不存在什么"稳定的工作"。他们可能也会怀疑公司管理层，因为管理层似乎更关心股东和利润，而不关心那些在公司工作多年的员工。这种感觉会反过来影响整个系统，因为愤世嫉俗、怨恨和恐惧成了工人亚文化中普遍存在的态度。

从社会生活最小的到最大的层面，数量都很重要。老师和学生都知道，一个班级有五个学生还是五百个学生是非常重要的差别，前者增加了参与者的压力，后者制造了讨论的困难。我们必须快速了解关于全球人口增长的问题，特别是在最缺衣少食的地区。无论数字是几十还是上百亿，我们都需要工具来了解它们如何影响社会生活，以及这种影响的后果。

我们还需要注意这样一个事实：系统和人并不存在于抽象之中，而是存在于空间和物体的物质世界。举个例子，如果研讨会上的五名学生围坐在一张小桌子周围，那么相比于分散在必须大声说话才能听到的礼堂，他们谈话会更有效率。如果他们坐在一圈椅子上，没有被桌子分隔开，那么谈话就会更加私人，所以我经常用这种安排来讨论特权和压迫等敏感问题，参与者会意识到自己的感受和想法。在更大的层面上，空间安排同样重要。例如，白人特权依赖于不同种族群体的物理隔离，这种安排通过尽可能减少跨种族的接触，强化了特权结构，帮助维持了种族刻板印象。通过这种方式，数百万人在字面意义上被迫待在他们该待的位置上。

人与空间、场所的关系，部分是物理安排的问题，包括居住隔离和房间内的家具摆放。这种关系也涉及人们如何使用物理环境中的材料，尤其是自然资源。例如，一间大学教室反映了社会系统和物质世界之间的复杂关系：我们用材料制造教具和视听设备，钻探石油获得燃料从而为教室供暖，使用核能发电来运行计算机和电灯。教室还反映了一个生产体系非常高效的世界：少数人生产的粮食足以养活所有人，数以百万计的人可以花时间读书和学习新思维，而不必从事农业工作。

简而言之，社会现实总是包括了生物现实和物质现实。数量很重要。空间、场所和地理都很重要。人出生的数量或多或少，人从一个场所迁移到另一个场所。地球上的材料被转化为人类赋予它的无尽的形状和形式。这是人口和人类生态学的物质现实，关注它可以启发和深化几乎每一种社会学实践。

人类生态学

社会生活围绕着人、社会系统和它们之间的关系。但这些关系并不是唯一重要的关系，因为人和社会系统存在于物理环境之中。人类生态学是对这些关系的研究，它体现在社会生活的各个层面。[1]

例如，在美国历史上的殖民时期，典型的家庭是围绕着一个壁炉布置的，这是唯一的热源。在冬天的几个月里，它

---

[1] 关于一些基本论述，参见 Amos H. Hawley，*Human Ecology: A Theoretical Essay*，University of Chicago Press，1986；Michael Micklin、Harvey M. Choldin 编，*Sociological Human Ecology: Contemporary Issues and Applications*，Westview Press，1984；Gerhard Lenski、Patrick Nolan，*Human Societies: An Introduction to Macrosociology*（第十一版），Oxford，2010。

自然地把家庭成员吸引到同一个房间,鼓励了交谈、讲故事和其他的相处方式。随着中央供暖系统的发明,房子里的每一个房间都同样温暖,这消除了人们经常待在一起的主要原因。

类似地,物理安排塑造了每一次社会互动。例如,办公室隔间没有门,也没有延伸到天花板的墙壁,这意味着不可能有隐私,也意味着员工在组织中缺乏自主性、地位和权力。在家庭中,男性比女性更有可能拥有自己的房间(如果有书房或工作室,那么更有可能是男人的房间)。正如已故的英国小说家弗吉尼亚·伍尔夫在她的经典著作《一间自己的房间》中所说,如果没有一个受保护的工作空间,女性作家就无法发展她们的艺术,这是历史上很少有女性成为杰出作家的原因。[1]

每一个社会情境都有一种生态视角。例如,典型的教室安排是为了加强教师的权威:学生的椅子都朝向老师,这样学生之间的互动就比师生之间的互动更困难。在法庭和教堂里,法官和神职人员通常被置于其他人之上,这种物理安排强调并强化了权力和地位的差异。美国国会的参众两院的安排很像大型的学术报告厅,领导人站在讲台的前面,这种安排既屈服于等级观念,又抑制了激烈的辩论。与之相比,在英国的下议院,对立的党派在一个相对较小且有限的空间里紧挨着,因此面对面的辩论几乎是不可避免的。[2]

生态也在更大的环境安排中发挥作用,比如街区和社区。例如,相比欧洲和拉丁美洲的城市,美国城市的公共空间相对较少,比如公园、广场、路边咖啡馆这种人们可以在家庭

---

[1] Virginia Woolf, *A Room of One's Own*, Harcourt, Brace and World, 1929。

[2] 关于空间的社会用途,一本经典著作是 Robert Sommer, *Personal Space: The Behavioral Analysis of Design*, Prentice-Hall, 1969。

以外互相问候和社交的地方。如果没有这样的空间，我们就很难维持社区意识，维持一种共同立场：人们可以见面并感受到社区其他成员的存在。

种族、阶级和族群的居住隔离是另一种生态安排，它更深地影响了社会生活，特别是延续了特权和压迫。[1]物理隔离更容易维持刻板印象；导致不平等的社区服务分配，比如学校和治安保护；通过使工人阶级和下层阶级无法获得远离中心城区的更好的工作，为机会的不平等分配提供了物理层面的原因。隔离也会塑造行为模式，比如犯罪受害者的模式。举个例子，在美国，大多数暴力犯罪发生在种族内部，因为种族内部的物理接触比种族之间的更加普遍。类似的动态有助于解释，为什么大部分暴力发生在家庭和其他亲密关系中，而不是发生在陌生人之间。

因此，每一个社会系统都包含了一种场所和空间（包括网络空间）感，这塑造了我们如何相互感知和对待彼此。例如，互联网允许人们用匿名的身份进行互动，可以随心所欲地展示自己——例如，展示自己的性别、种族、年龄和姓名。反过来，这使人们更容易说出他们不会当面对别人说的话，因此网络上的骚扰和欺凌变得越来越普遍。

社会系统的存在也与地球和栖居在地球上的物种相关。为了研究这些关系，生态学家使用了"生态系统"的概念——生态系统被定义为给定的空间和它的"居民"。我们可以随心所欲地界定这个空间。例如，我们可以把池塘里的一滴水，

---

[1] 参见 Donald S. Massey、Nancy A. Denton, *American Apartheid: Segregation and the Making of the Underclass*, Harvard University Press, 1998。

或者一块田里的土壤，或者多伦多市，或者整个宇宙，看成一个生态系统。界限划在哪里，主要取决于我们想知道什么。从社会学的角度看，最重要的是了解人类种群彼此之间的联系，其与物理环境之间的联系，以及由此产生的后果，这些后果影响的是谁或什么。

从生态学上讲，我们和其他的生命形式没有什么不同。我们繁殖，我们生存——通过使用和消费周围的东西，我们死亡。和许多物种一样，我们迁移，我们建造。就像驯鹿迁徙是因为季节，人类迁移是为了躲避战争或自然灾害，或者是为了找工作和结婚。鸟筑巢，人建房。相比其他物种，我们有能力更深刻、更剧烈地改变地球和人类在地球上的位置。例如，人类不仅是唯一的自己种植食物的物种，也是少有的会系统性地试图杀死所有竞争对手的物种。

人类还利用技术克服了限制人口增长的自然条件。对于所有其他的物种，当食物太少的时候，种群数量会因为更高的死亡率和更低的出生率而减少。但是，人类在地球上的主导地位促进了无法接受这种情况的文化价值观和文化信念，所以人类继续繁殖和开发自然资源，仿佛人类可能做出的行为和可能达到的数量并没有受到自然限制。全球变暖注定要施加这样的限制，人们已经开始感觉到了它的后果，特别是在地球上较冷的地区。[1]与此同时，其他物种无法回应和适应人类使用复杂技术造成的变化，只能尽力求生。从它们加速灭绝的速度来看，情况并不乐观。

---

1 有一部精彩的小说将人类视为一个"异常的"物种，参见 Daniel Quinn, *Ishmael*, Bantam, 1992。

通过这种方式，社会系统深刻地影响了生态系统。但反过来也是成立的，因为生态系统塑造了社会系统的文化和结构。人类学家马文·哈里斯是一位文化唯物主义者，他认为人类文化的许多方面都是为了回应自然环境中的物质条件，是对自然世界的实践适应，尽管有时候看起来并不是这样。例如，哈里斯试图找出印度教禁止吃牛肉的生态基础[1]——在许多西方人看来，这种文化实践在印度这样的国家是不合理的，因为印度人需要尽量多的食物。

但哈里斯说，事实正好相反。在历史上，水稻一直是印度种植的主要粮食，而牛在生产水稻方面发挥了重要作用。水稻生长在经常被水淹没的田地里，牛（不同于马）是偶蹄动物，所以不会被田里的淤泥吸住。牛的粪便也有很多用途，可以用作燃料、肥料和砖块。

因此，在印度农业经济史上，牛是一种非常有用的动物。但是，从生态视角来看，牛的神圣地位更加复杂，还涉及印度的气候，包括周期性的干旱与毁灭性的饥荒。如果农民在这一时期把吃牛肉作为最后手段，他们的确可以在短期内解决食物问题，但这种做法会毁了他们在雨季恢复种植庄稼时所需要的工具。在如此绝望的时刻，是什么力量足以让家庭抵抗吃牛肉的诱惑？哈里斯回答说，印度的文化演进通过赋予牛一个神圣的地位——这是任何宗教人士都不敢侵犯

---

[1] Marvin Harris, *Cows, Pigs, Wars, and Witches*, Random House, 1974。亦可参见他的 *Cannibals and Kings: The Origins of Cultures*, Random House, 1977; *Cultural Materialism*, Random House, 1979; *Good Things to Eat: Riddles of Food and Culture*, Simon and Schuster, 1985。关于使用生态学方法的社会学入门书，参见 Patrick Nolan、Gerhard E. Lenski, *Human Societies*（第十版），Paradigm, 2005。

的——从而保护牛，进而保护印度人的长期福利。从生态学的角度来看，西方人眼中对动物蛋白的非理性浪费可能是对艰难环境的一种适应。

对于美国大量消费牛肉，我们也可以进行类似的推理。美国人种植数百万英亩的玉米喂养肉牛，这是一种相对低效的土地利用方式，因为在牛所吃的玉米中，只有一部分营养最终成为人类的食物。如果用同样的土地种植人类能直接食用的作物（比如谷物和豆类），结果会比牛肉提供的营养多得多。到目前为止，美国能承受如此低的效率，是因为有利的气候支持了巨大的农业过剩。然而，印度的经验表明，随着气候变化，这种情况将不复存在。

对于哈里斯这样的文化唯物主义者，每一种社会系统的形成都是在适应其环境的物质条件。但我们已经看到，这种动态是双向的。大多数物种在食物链上占据非常特殊的位置。它们只吃几种食物，并以规模相对较小的方式改变环境（比如通过筑巢）。相比之下，人类社会可能以规模巨大而复杂的方式影响环境。人们吃各种各样的食物，以各种方式改变土地、空气和水的形态和构成，这些方式多到不可能追踪，更不必说了解它们产生的后果。技术使我们能够灌溉田地，建造城市，污染空气、水和土壤，甚至还能改变基因的结构。

一些文化认为，这些能力是人类统治地球的使命的一部分。然而，生态系统的复杂性表明，人们的控制力比他们想象的要小得多。人类比其他的物种有更强的能力来影响环境，但我们通常直到很久以后才发现我们所做事情的后果。这种滞后意味着，我们也有能力造成更大的损害和伤害，并且只有人类能够阻止这种损害和伤害。只有我们才能从自己手中拯救自己（以及所有其他人）。

请注意我们经常用于谈论社会如何影响环境的语言。和所有的符号一样，"损害"和"伤害"这样的词反映了一种特殊的关于现实的文化视角——在这个例子中指的是"自然"的现实以及我们和它的关系。例如，我们说环境正在被破坏，意思是在文化价值体系中被高度重视的某些自然状态正处于危险之中。然而，这些价值并不是自然固有的，而是人类文化固有的。生态系统并不会特别珍视某些状态，比如从环境的角度来看，一个满是鱼类的湖泊并不比一个满是藻类的湖泊更自然或者更好。

就这一点而言，大自然并不会把人类看得比任何其他物种更重要。生命就是生命。如果我们考察地球四十六亿年历史的绝大部分时间，主导生态系统的是被人类文化归类为"低等生命形式"的生物。据我们所知，地球历史上的最初二十六亿年根本没有生命，而在接下来的十亿年只有简单的细菌和藻类。单细胞原生动物直到八亿年前才出现（当时地球历史已经过去了80%），多细胞蓝藻直到六亿年前才出现。我们认为的植物只有大约五亿年的历史，哺乳动物只有两亿年的历史。简而言之，在地球存在的大部分时间里，它不过是从没有生命的状态变成了我们所说的"沼泽"。直到最近的过去——相对来说只是一眨眼的工夫——地球才开始看起来像我们大多数人所认为的"自然"。

如果从长远来看，生态系统不会被伤害或破坏。它们可以改变自己的特征，包括可以支持的不同生命形式的组合（可能包括，也可能不包括人类）。这些不同的生命形式之间如何相互联系和相互影响，比如哪一种生命吃哪一种生命，生态系统可以使之发生改变。但是，伤害和破坏的概念假定了某种理想状态，而这主要是一种文化发明。当我们忘记了这一点——即使是在试图"拯救"环境的时候——我们就很容易受到"物种傲慢"的影响。讽刺的是，这种傲慢也是环境伤害的根源，许多人（包括我）对这种伤害感到震惊。换句话说，认为自己有权随心所欲地对待地球，是一种傲慢。但是，认为自己有权定义什么是值得保护的自然状态，也是一种傲慢。在这两种情况下，我们通常不知不觉地把人类的价值强加于非人类的世界。

这并不意味着我们不应该依照这些价值行事。作为社会生物，我们必须依照**某些**价值行事，无论是什么价值。但这确实意味着，在环境问题的各个方面，人们彼此之间有超乎想象的共同点，而且也面临着类似的挑战：了解自己行为的隐含假设。人们很容易忘记，价值是文化的，因此是人类的，并不一定反映大自然的其余部分。通过这种遗忘，我们的语言和行动可能具有一种正义的权威感——无论是为工作和人类的优越性，还是为古老森林的神圣性辩护——这会使各个方面听起来都令人不安地相似。

生计模式

在生态系统中，每一种生命都占据着生态学家所说的一个"生态位"。生态位是一种位置，类似于人们在社会系统中占据的身份。因此，生态位确定了一个物种相对于物理环境、其他物种和整个生态系统的位置。生态位的一个重要方面是一个物种在食物链中的位置——它吃什么以及什么吃它；也包括物种的其他行为，比如在地球上挖洞或者在溪流边筑坝。

每个物种都通过生态位，以特定的方式利用它的环境来生存。人类与任何其他物种都是如此。例如，狩猎采集社会使用最少的技术，不自己生产食物。园艺社会用木棍在地上挖洞播种，在小花园里种植食物。农业社会使用犁和役畜耕种大片的土地。工业社会较少地关注与原材料的接触——种植食物、采矿、伐木——而更多地关注从原材料中制造商品，尤其是通过使用机器。在后工业社会，提供医疗保健、保险、银行业务和娱乐等服务比生产商品更重要。

为了理解人类的生计模式，我们需要扩展生态位的概念，使之包含组织生产性工作的社会关系。换句话说，我们需要考察马克思所说的"生产方式"。在狩猎采集社会，人们以合作、集体努力和分享的方式生产商品。然而，资本主义工业社会竞争激烈，财富分配极不平衡。在园艺社会中，人们拥有他们谋生使用的工具和其他生产资料；但在资本主义工业社会，精英拥有大部分生产资料，却并不亲自使用它们生产任何东西。生产由工人完成，工人制造商品换取工资，不拥有或控制生产过程的任何部分。这种关系——人与人之间的关系，人与生产资料之间的关系——详细地说明了，一个社会的生产方式是如何组织的，它如何影响参与其中的人。

既然生产的结果是财富和人们生活所需的东西，那么如何组织生产对于形成特权和压迫的模式非常重要。当我们考察从狩猎采集社会到园艺社会、农业社会和工业资本主义社会的历史进程，会发现系统性不平等的出现和增长，其开端都是男性特权和女性从属。然后是服务于不平等的财富分配和权力分配的社会阶级和其他模式：战争、征服、帝国、国家、殖民主义、制度化的奴隶制和种族主义，以及基于经济权力的现代阶级制度和全球不平等。

在最简单的意义上，当人们能够生产过剩，足以养活更多的人口，足以使越来越多的人从事种植、采集、寻找食物之外的事情，不平等就成为可能。[1]这也使一些人有可能以牺牲他人为代价积累财富和权力，并通过军队、警察、仆人以及宗教和法律等制度——这些制度的目标几乎总是包括维持现状、使主导群体的利益合法化——捍卫自己的位置。

从历史上看，这些不平等模式的出现**不一定**是因为增加生产；但如果没有增加生产，它们也不可能出现。例如，狩猎采集社会只有基于声望的非常轻微的不平等，荣誉属于那些在重要工作中表现出色的人。在这样的社会中，不平等不可能建立在财富的基础上，因为无法生产足够的物资来积累财富，因为生存需要一定程度的分享与合作，从而抑制了竞争和囤积。为了找到新的食物来源，他们必须四处迁移，所以积累东西随身携带没有多大意义。

生产方式的变迁是很重要的，因为它们创造了使其他社会变革或多或少可能发生的条件。生产过剩的能力使人口快速增长、城市化和日益复杂的劳动分工成为可能。这些变化反过来又使官僚制更容易成为一种控制系统的方式。从历史上看，官僚制在西方的出现伴随着资本主义工业革命，特别是在19世纪。但这并不是出现官僚制的唯一方式。例如，中

---

1 Gerhard Lenski, *Power and Privilege: A Theory of Social Stratification*, University of North Carolina Press, 1984。

国最近才开始工业化,但几个世纪以来,它的政府一直高度官僚化。虽然工业社会是城市化程度最高的社会,但许多非工业社会,比如印度、墨西哥和埃及,都经历了城市人口的爆炸式增长。

出生、死亡、迁移:人口与社会生活

因为每一个社会系统只有在人们参与的情况下才会发生,所以要理解社会生活的运作,我们必须关注里面有多少人,他们如何到达这里,他们如何离开,以及何时离开。例如,出生和迁移是人们进入社会、家庭或宗教的两种方式,而迁移是人们进入工作场所和学校的唯一途径(除了极少数的例外——比如国王和女王,或者古印度种姓制度,或者美国的奴隶制——没有人生来就有工作)。在一个系统中,人太多或人太少都会造成问题,就像是在错误的时间、错误的地点出现了错误的数目(任何被解雇的人都知道这点)。

人口数量的多少以及数量增减的快慢,取决于一个简单的过程:通过出生和迁入做加法,通过死亡和迁出做减法。在今天的大多数工业社会,出生人数和死亡人数几乎持平,因此人口增长主要是通过移民实现的。在美国,1950年的移民只占人口增长的12%,但这一比例在2012年达到了40%。非法移民的流动增长非常快,以至于没有人真正知道每年有多少人越过边境。[1] 截至2012年,非西班牙裔白人[2]在夏威夷

---

[1] Population Reference Bureau, "2012 World Population Data Sheet", Population Reference Bureau, 2013。

[2] 非西班牙裔白人(也称"非拉美裔白人"),包括欧裔美国人、中东裔(转下页)

州、得克萨斯州、新墨西哥州和加利福尼亚州的人口中占少数，在纽约州、马里兰州、密西西比州、亚利桑那州、内华达州和佐治亚州也差不多。[1]这种趋势引发了激烈的辩论，人们讨论关于控制移民进入美国和欧洲许多地区——包括英国、法国和德国——的法律。在这些国家，外国工人和本土工人之间的竞争已经引发了驱逐移民的呼声。

在非工业社会（包括世界上的大部分地区），人口增长主要是通过出生人数超过死亡人数实现的。目前的人口增长率有很大的差异，尼日尔的增长率接近4%，而德国与俄罗斯是负增长。[2]4%似乎是个很小的数字，但如果以复利的方式计算，结果并不小。如果以4%的速度增长，人口将在十八年内变成两倍，在三十五年内变成四倍，在七十年内变成**十六倍**——这比人类的平均寿命还要短。目前，世界人口正在以每年1.2%的速度增长，这意味着到2065年，世界人口将从现在的60亿左右增加一倍，达到120亿左右。

人口影响着从家户到世界经济等各种类型与规模的系统。例如，当人们结婚或者以其他方式决定搬到一起生活时，新的家户和家庭首先通过迁移的方式建立起来。在一些文化中，丈夫被要求搬到妻子家附近；而在另一些文化中恰恰相反。

（接上页）美国人以及北非裔美国人，通常是指使用英语的白人。与之对应的概念是拉美裔白人，即使用西班牙语的白人。——译者注

1 来自美国普查局（U.S. Census Bureau）的数据，NBCnews.com，2013年6月13日报道，链接：http://usnews.nbcnews.com/_news/2013/06/13/18934111-census-whitemajority-in-us-gone-by-2043?lite。

2 U.S. Census Bureau, "World Population Information" "International Data Base", 见 www.census.gov/ipc/www/world.html; Population Reference Bureau, "2012 World Population Data Sheet", Population Reference Bureau, 2013。

对于后一种情况，妻子与可能支持她的亲属的物理隔离加强了妻子在婚姻中的从属地位；而对于前一种情况，距离妻子家庭较近的模式削弱了丈夫的主导地位。而在夫妻可以随意居住在任何地方的社会中，问题更可能是缺乏来自家庭的联系和支持，以及现代核心家庭特有的孤立。

典型的家庭住户从两个人开始，这是一个相对简单和可控的数字。最好的理解方法是，想象一下，如果再加一个人，变成三个人，会发生什么。我们在前一章已经看到，如果新成员是婴儿，其结构性后果是家庭角色结构的根本变化。但从人口的角度来看，还会发生其他的事情。如果有三个人，就有可能结成联盟，因为两个人可以联合起来反对或排斥第三个人。如果只有两个人，就不会有人感到被排斥，因为一个人无法创造出一种排斥另一个人的关系。然而，有了第三个人，其中两个人便可以在更大的群体中形成一个子群。

再增加第四个成员，就有可能产生两个子群，比如孩子和父母，于是两个联盟就可以影响权力的分配。从理论上讲，孩子可以组织起来对抗父母的权力，但更有可能的情况是，其中一个孩子会与父母的一方或双方合作，从而获得对另一个孩子或另一方父母的权力。无论结构上发生了什么，可能性的范围都会随着人数的增加而变化。

随着家庭成员年纪变大，人口继续塑造和重塑家庭的文化和结构。例如,随着每个人年龄的增长,年龄结构向上移动,家庭的运作方式可能会发生深刻的变化。当孩子获得自主和独立时，父母失去了权力，每个人的角色期待开始发生变化。当孩子离家去上大学、工作或组建自己家庭的时候，家庭权力结构的转变更加明显，尽管经济上的依赖暂时可以维持该结构的某些方面。事实上，脱离父母的权威是年轻的成年子女渴望迁移出去、独立生活的主要原因。

物理隔离也会改变交流和角色结构，并且可能导致"空巢"综合征，这既会让人轻松，也会让人悲痛。如果女儿和儿子组成了自己的家庭，那么大家庭中新成员的加入会增加整个家庭的人口，使大部分结构和文化特征变得复杂。在生命的另一端，死亡不仅会带来伤感和悲痛，也会带来结构和文化上的转变。当我们的父母去世时，我们可能会有这样的感觉：仿佛我们现在是家里真正的成年人，没有人在我们面前观察和估量我们。这可能是家庭角色重心转移的时刻，因为我们获得了一种责任感，这种责任感在我们父母在世时是很难想象的。

这种变化源于一个事实：家庭生活的开展在很大程度上取决于人口的动态变化，通过这种动态变化，人增加和减少、衰老和迁移。这种动态在整个社会和世界中运行，包括出生和死亡的模式，这些模式反映了与社会系统有关的出生和死亡是如何发生的。

例如，虽然人终有一死，但我们占据的身份，会影响我们可能的寿命，以及最有可能的死因。对于任何年龄与任何死因，男性的死亡率始终比女性更高。其中一部分毫无疑问是生物学因素，因为男性更有可能在出生前死亡。但死亡中的性别差异在很大程度上是因为作为社会身份的性别。男性比女性更有可能死于他杀、自杀和意外事故，也更有可能死于癌症和心脏病等身体原因——这与人们的生活方式有明显的联系。男性比女性更有可能从事危险的职业、承担身体风险，以及表现出攻击性。和女性相比，男性在感觉不舒服的时候更有可能不去看医生，这意味着他们不太可能及时发现危及生命的疾病，并及时采取措施。男性也更多地使用香烟、酒精和成瘾性药物。[1]

死亡也与社会阶级和种族有着特别强大的结构联系。例如，越是富有的人越有可能把自己描述为"身体非常健康"，这种模式同样出现在教育成就和职业声望方面。[2] 在相同的年龄段中，受教育程度最高和收入最高的人死亡率最低。相比白人，非裔美国人的年龄别死亡率高 30%，婴儿死亡率高一倍多，出生时预期寿命短五年。在凶杀案中，非裔美国人的死亡率几乎是白人的六倍。在主要的死因中，非裔美国人死亡率低于白人的只有自杀。[3]

这些差异无法告诉我们参与社会的具体的人会发生什么，但它们确实反映了最小阻力路径——根据我们的社会特征，以不同的方式增加了可能性。作为白人男性并不意味着我有

---

[1] 参见 B. P. Dohrenwend、B. S. Dohrenwend, "Sex Differences in Psychiatric Disorders", *American Journal of Sociology* 第 81 卷（1976），第 1447—1454 页；Lois Verbrugge、D. L. Wingard, "Sex Differentials in Health and Mortality", *Women and Health* 第 12 卷，1987 年第 2 期。亦可参见 Nicholas R. Eaton、Robert. F. Krueger、Katherine M. Keyes、Deborah S. Hasin、Steve Balsis、Andrew E. Skodol、Kristian E. Markon、Bridget F. Grant, "An Invariant Dimensional Liability Model of Gender Differences in Mental Disorder Prevalence: Evidence from a National Sample", *Journal of Abnormal Psychology*, *Online First*, 2011 年 8 月 17 日，链接：www.apa.org/pubs/journals/releases/abn-ofp-eaton.pdf。

[2] 来自芝加哥大学国家民意研究中心"综合社会调查"（General Social Surveys）定期收集的数据。

[3] A. M. Miniño、M. P. Heron、B. L. Smith, "Deaths: Preliminary Data for 2004", *National Vital Statistics Reports* 第 54 卷，第 19 期，National Center for Health Statistics，2006；U.S. Census Bureau, *Statistical Abstract of the United States: 2012*, U.S. Census Bureau, 2013。

一天会自杀，但这确实意味着我在世界上的位置使我比有色人种和白人女性更有可能自杀。这也意味着相比黑人，我不太可能发现自己处于被谋杀的情境中。身为中产阶级也意味着我不太可能从事危险的职业，比如伐木、卡车运输、采矿或建筑，也不太可能接触致癌化学物质和其他健康威胁。这也意味着我不太可能吸烟和酗酒，而更有可能拥有医疗保险和高质量的医疗保健。

如果从个人主义视角看待这些差异，我们可能会得出这样的结论：它们只是个人选择的问题，就像选择是否吸烟一样。但是，应用社会学实践的基本原则直接导致了这样一个事实：每一个选择都与我们参与的系统有关。由此我们必须要问，呈现给人们的最小阻力路径，为什么因为这些系统和人们在系统中的社会位置而有所不同？我生活的中产阶级街区没有那种画着精美香烟广告的广告牌；但多年以来，在美国各地的市中心贫民区，香烟制造商一直以下层阶级和工人阶级的非裔美国人为目标，在广告中积极宣传吸烟是一件迷人而有吸引力的事情，是一种贫困人口也能享受到的"快乐"。吸烟或者不吸烟是一条很容易遵循的路径，在某种程度上取决于你住在哪里，而你住的地方总是受到社会阶级和种族的影响。

人口与大局

如果我们从整个社会或世界的角度考察人口，就很难忽视巨大的且日益严重的不匹配：一方面是社会的需求和资源，另一方面是人口的规模和增长。世界上最贫困的十五个国家，总人口约占世界的二分之一；而人口占世界人口80%的国家，年收入却不到全球的四分之一。在许多国家，人均收入近年来实际上已经下降，反复出现的饥荒已经成为生活中不可改变的事实。随着全球变暖的影响，这种情况只会更糟。[1]

对于富国和穷国之间日益扩大的差距，一个常见的解释是出生率和增长率的巨大差异。有人认为，印度、墨西哥和许多非洲国家人口太多。这些国家的人口增长过快，对食物和水等基本服务和资源的需求无法满足。例如，墨西哥的人口以每年1.5%的速度增长，经济也必须以1.5%的速度增长才能跟得上，否则就没有剩下的钱来提高生活水平。[2]由于1.5%的经济增长率很难年复一年地实现，似乎高人口增长率注定了墨西哥和世界上许多其他地区的人们要继续生活在贫困和痛苦之中。

更糟糕的是，高出生率也导致儿童在人口中占较大的比例，但相对来说儿童是没有生产力的，却需要花费原本可以投资于经济增长的资源。同样让事情更加糟糕的是，迁移模式使拥挤的城市（比如墨西哥城和印度孟买）更加膨胀，因为非技术工人也希望从农村的贫困中解脱出来。然而，等待他们的是公共卫生、水、食物、工作和住所的缺乏。

这些国家的情况非常糟糕，以至于人口显然是社会生活中最重要的决定因素。但事情没有那么简单，因为我们所说

---

[1] U.S. Census Bureau, *Statistical Abstract: 2012*; Lester R. Brown, *Plan B3.0: Mobilizing to Save Civilization*（修订版）, Norton, 2008; William R. Cline, *Global Warming and Agriculture: Estimates by Country*, Petersen Institute, 2007。

[2] U.S. Census Bureau, "World Population Information" "International Data Base"; Population Reference Bureau, "2012 World Population Data Sheet"。

的"人口过剩"不仅仅是**因为**人口过多而导致资源不足。资源不足也可能是因为，它们的分配方式使一些人得到很多，另一些人得到很少。

例如，印度拥有世界17%的人口，但每年消耗的能源只占全球的5%。相比之下，美国的人口不到世界的5%，却需要全球能源消耗量的19%。[1] 那么，哪个社会给世界带来了更大的负担？哪个国家的人口和资源的不匹配更严重？是拥有十一亿人口、人均消费相对较低的印度吗？还是人口只有中国的四分之一，但消费量几乎是中国四倍的美国？又或者都很严重？

如果我们考察作为一个社会系统的世界，我们可以追问：人口动态如何通过资源和财富的分配影响社会之间的不平等的结构模式。可能只是没有足够的财富分配给每个人。但也有可能，一个世界系统阻碍了大量财富的流动——在这个系统中，巨大的经济和政治权力掌握在少数几个国家的精英手中，而这些国家的人口只占世界人口的很小一部分。

当然，人口的增长和规模有实际的限制。人类——无论是在社会内部还是在整个世界上——不能无限期地忽视那些限制物种数量的自然法则。但似乎同样清楚的是，富国不能无限期地继续假装，人口是决定非工业社会命运的唯一的，甚至是首要的问题，而解决数十亿人痛苦的方法就是减少人口。我们总是参与到比自身更大的东西，这一原则不仅适用于个人，也适用于国家。在这个意义上，工业世界的财富和

---

[1] International Energy Agency，World Energy Outlook 2012，Executive Summary，International Energy Agency，2012。

其他地方普遍存在的贫困是相互关联的，社会学实践是一种强大的方式，可以看到这种情况是如何发生的，以及为什么它很重要。

第五章
我们、它和社会互动

我们已经用了四个章节讨论社会系统,即我们参与的比自身更大的东西。现在是时候更加仔细地审视"我们"和"参与"是什么意思了。如果没有我们,社会系统就不会发生;在很多重要的方面,如果没有社会系统,我们也不会发生。一方面,系统包含了最小阻力路径,但我们是感知、解释和选择这些路径的人。社会系统塑造社会生活的力量因为我们而变得清晰可见。另一方面,我们是会思考、会行动的生物,但只有在涉及社会系统的文化、结构和生态层面的时候,构成思想的材料和我们行动的意义才说得通。

自我:参与的我

我的一个朋友在一次谈话结束时对我说:"照顾好你自己。"当我回到这本书的写作中,我很好奇这句话是什么意思。

我要照顾的那个"自己"是谁或者是什么，照顾自己的"我"和被照顾的"自己"是不是不同的东西？我可以触摸、听到或者闻到我的"自己"吗？我能感觉到我的身体和它的动作，但我的自我没有这么简单。

B. F. 斯金纳等行为心理学家对"自我"不感兴趣，因为他们找不到一种科学地观察自我的方法。[1]然而，我们认为自我是真实的，像是某个"东西"，是我们行为的原因。当我的"身体"做了错事——比如我的手拿了不属于我的东西——没有人会责怪我的身体，尽管它的确采取了行动。我的大脑指使我的身体做这些事，但他们也不会怪我的大脑（"坏大脑！"）。他们会责怪我的自我（"**你**应该为你**自己**感到羞耻"）。我应该为之感到羞耻的自我是什么，我在哪里可以找到它，这些都是难以捉摸的事情，因为最重要的是，自我是关于我们自身存在的一种**观念**。[2]但这是一种强大的观念，因为生活中的我们并不会觉得自我和我们看得到、摸得到的任何东西一样真实。

自我的观念如此强大，部分是因为它确定了我们相对于其他人和社会系统的位置。"我是谁？"这个问题的答案是"艾伦·格里斯沃尔德·约翰逊"，命名我的这三个词就像是命名一棵橡树或者一根香蕉的词。它们也有相似的用途。在我的文化中，它们将我确认为男性（"艾伦"被认为是一个男人的名字），从而区分了我和女性。它们也区分了我和所有非我的

---

[1] 例如，参见 B. F. Skinner, *Beyond Freedom and Dignity*, Knopf, 1971。

[2] 关于"自我"概念的更多信息，参见 D. H. Demo, "The Self-Concept over Time: Research Issues and Directions", *Annual Review of Sociology* 第 18 卷（1992），第 303—326 页；Morris Rosenberg, *Conceiving the Self*, Basic Books, 1979。

人（除了那些同名同姓的人）。它们把我和有着共同姓氏的亲属联系起来——格里斯沃尔德是我母亲的姓，约翰逊是我父亲的姓。那么，一个人的名字，以及它所命名的自我，具有纯粹的**关系**用途：标记我们和他人的关系。拥有名字的唯一原因是，它使我们能够参与社会生活。这也是为什么我们会发展出自我的观念，特别是关于我们自己的观念。

哲学家、社会学家乔治·赫伯特·米德认为，我们通过发现他人以及他们对自己和我们的看法，在孩提时代发现了自己。[1] 婴儿倾向于以自我中心主义的方式体验世界，因为他们无法区分世界和自己。所有事物都是一个大的整体，而他们是整体的中心。因此，他们无法知道，其他人是有思想和情感的独立个体。作为婴儿，我无法想象我的母亲对事物（包括我）有自己的看法。我看不出来她在考虑她和我的关系，或者与我们无关的事情。我能感觉到她的身体，也能感知她的言行，但我无法知道这一切的背后还有什么；我也无法知道，对于她是谁、我是谁、如何成为一个好母亲、我长大后会成为怎样的人、晚餐吃什么，她都有自己的想法。

既然我无法想象我的母亲对她自己和世界有自己的想法，那么我也无法想象我对任何事情有自己的想法。在我看来，我听到、感觉到和感知到的东西，就是事物的本来面目，与我和它们的关系、我如何感知和解释它们无关。我就像一位棒球裁判，不说"看到了我就会喊结束"，或者（自信地）说"应该结束我就会喊结束"，而是说"我喊结束才算结束"。[2]

---

1 George Herbert Mead, *Mind, Self, and Society*, University of Chicago Press, 1934.
2 在棒球比赛中，裁判可以因为糟糕的天气情况（下雨、浓雾等）或者（转下页）

作为一个婴儿，我无法意识到我对事物有自己的看法，因为我无法把自己**看作**一个自我，无法想象一个首先存在的"艾伦"。米德认为，通过发现其他人的内在生活，我们可以把我们自己看作自我。我们意识到别人在思考我们，以某种方式感知我们、期待我们、感觉我们，他们的生活独立于我们的生活，在很多方面都与我们无关。这种情况主要发生在人们用语言谈论他们自己、谈论我们以及谈论**他们**体验的现实时。人们把语言用作意义的桥梁，连接自己的体验和他人的体验。当我饿了的时候，我可能会体验到一种身体上的不适，一种胃里空空的感觉，直到有人喂我吃东西，否则我会一直哭。当有人用"我饿了"这样的词语形容那种体验时，我也能感同身受。

米德认为，没有语言，我们就无法意识到被称为"自我"的无形领域；没有语言，小孩子就无法建构**作为**自我的观念。正是通过这些语言，我们发现了人类存在自我的**可能性**，方法是发现了其他人利用这种可能性所做的事情。我们开始意识到，我们的观点**只是**一种观点，而不是"事物的本来面目"。

一旦明白了这一点，我们就可以建构各种关于我们自己的观念，这些观念构成了自我。因为它们是**关于**自我的，我们用它们思考自我，就像我们在思考其他的某个人（就像"如何成为你自己最好的朋友"）。我们可以和它交谈，感觉它，评估和判断它，相信或不相信它，捍卫或谴责它，责骂或赞美它，为它感到骄傲或羞愧，"控制"它，摒弃它（"我今天

（接上页）一些特殊事件（日落）而提前结束比赛（call the game）。只有裁判有权宣布比赛结束，但通常裁判会先与双方教练及比赛运营者讨论。——译者注

不在状态"），失去它，察觉（"自我意识"）或忽视它，或者试图接受、理解或"克服"它。[1] 我们可以说一些话或者做一些事来影响别人对我们的感知，从而影响他们对待我们的方式。我们会陷入悖论的深池，认为自己是独一无二的个体，而且独立于周遭世界，但这种"独一无二"是来自同一个世界的文化概念，而自我只存在于和其他自我的关系中。

难怪，当有人"相信"我们的时候，这是最令人兴奋的体验之一。也难怪，我们能体验到的最大的危机之一发生在我们不再"相信自己"、感到失落和无依无靠的时候。

然而，请注意，这种体验是否会变成危机，取决于我们所在的文化。在许多亚洲文化中，"自我孤立于群体和社会"的想法既不是理所当然的事实，也不是社会生活的理想。例如，在传统的日本文化中，如果失去了对整体的深刻依恋，被推入个体自我的不确定性中，这是更大的危机。

为了以自我的身份参与到社会系统中，我们必须看到我们如何以及在哪里与社会系统产生联系，这如何反映了我们是谁，从而确定我们相对于社会系统的关系。对于我朋友让我照顾好的那个"自己"，大多数人都不了解。他们真正了解的是我占有的身份和与之相关的角色。在出生的时候，我们只有少数几种身份是为人所知的——性别、种族、年龄和家庭位置——因为除此之外没有什么东西是需要知道的。随着我们成长，我们不断地占有新的身份，利用这些身份确定了我们自己与社会系统和其他人的关系，从而积累了一种社会

---

[1] "我今天不在状态"的英文是 I'm not myself today，"自我意识"的英文是 self-conscious。两者都包括 self（自我）。——译者注

认同。

正如欧文·戈夫曼指出的，当我们占有了一种身份时，与之相关的角色为我们提供了一个现成的自我，我们可以将其作为被他人接受的最小阻力路径。[1]在这个意义上，大多数人对我们的内心知之甚少。他们所"知道"的主要是占有某种身份的典型人物的文化形象——典型的女孩、典型的学生、典型的律师、典型的业务经理、典型的政治家。在社会空间中，我们不是某种绝对的、客观意义上的"我们是谁"，而是"我们**被认为**是谁"，这是人们在基于直接经验了解我们之前，就已经从文化观念中建构出来的现实。

例如，对于我自己体验的真实的我，大多数人知之甚少。但是，任何人如果自认为了解父亲、男人、异性恋者、白人、作家、祖父、兄弟、丈夫、演讲者、婴儿潮一代、博士、中产阶级，以及家里养狗、山羊和蛇的人，那么他可能认为很了解我。但实际上，他们只知道与我占有的身份相匹配的最小阻力路径，以及我通常会遵循这些路径的可能性。事实上，我可能做出完全不同的选择，但他们可能不知道，除非他们看到我是如何参与社会生活的。

角色关系不仅是别人了解我们的主要方式，也是我们了解自己的主要方式。回想一下米德的观点：我们通过首先发现他人来发现自己。如果是这样，那么我们如何看待自己、评价自己和感受自己都取决于我们占有的身份，这意味着当我们建构关于"我们是谁"的观念和感觉（这些观念和感觉构成了我们的社会自我）时，我们主要依赖于自身外部的信息。

1　Erving Goffman, *Encounters*, Bobbs-Merrill, 1961。

这些外部信息主要来自两种"他人"。重要他人是具体的人，他们像镜子一样映射我们的形象，我们会把这些形象合并到对自己的认知中。[1]在这种情况下，"significant"的意思是"具体的"，而不是"重要的"。如果在我的一次演讲结束后，听众中的一个人走到我面前，告诉我他认为我讲得很好（或者很差），那么他就成了我的重要他人，因为他提供了来自他个人的信息。他也提供了一个关于我自己的反思，让我考虑是否将其作为信息纳入我自己的身份认知中。这种反思被称为"镜像自我"：我把他当成一面镜子，反射的影像是我**认为的**他对我的看法（这可能不同于他对我的实际看法）。[2]

在生命的早期，关于我们自己的大部分信息来自重要他人，比如家人和玩伴。直到后来，通过一个复杂的社会化过程，我们才开始理解所谓的"概化他人"。[3]概化他人并不是具体的人，甚至也不是某一群人。它是我们的一种**认知**，关于人们**通常**如何看待一种社会情境，以及在其中占有不同身份的人。

举个例子，当我定期去找我的牙医戴维做检查的时候，我和我认识的某个人进行了互动。我知道他的期望、他的为人以及他的行事方式。这使他成为我的重要他人。然而，当我第一次去找他的时候，他的名字、性别、种族、大致年龄和职业是我对他个人的唯一了解。那么，我如何知道该怎么做？他如何知道该怎么做？在彼此不了解的情况下，我们必

---

[1] "重要他人"这个术语最早出现于 Harry Stack Sullivan, *The Interpersonal Theory of Psychiatry*, Norton, 1953。

[2] Charles Horton Cooley, *Life and the Student*, Knopf, 1927。

[3] Mead, *Mind, Self, and Society*。

须依靠关于牙医和患者，以及他们之间发生的事情的文化观念。在我们彼此了解、成为对方的重要他人之前，我们只能通过这些概化他人了解当时的**情境**，以及他和我之间的关系。一开始，我只知道我们占有的身份和身份之间的社会关系。换句话说，我们只以一种概括化的方式认识每一个"他人"。

小孩子无法理解概化他人，原因是它是关于身份占有者的纯粹抽象的概念集合。我们通过重要他人的言行了解到他们对我们的期望，儿童很快就学会了这一点。但是，要区分作为我母亲的具体女性以及作为一种社会身份的"母亲"，需要一定程度的认知能力，这种能力只有在儿童成熟时才能发展。

构成概化他人的观念是文化的，它鼓励我们假设，我们与其他人共享这些观念的意义。在这种信念的基础上，我们还假设，当人们知道我们占有的身份，他们会以某种方式感知、解释和评价我们。这就是为什么女同性恋者、男同性恋者或双性恋者倾向于非常谨慎地向异性恋者透露他们的性取向。这也是为什么异性恋者可以毫无顾忌地透露自己的性取向：在某种程度上，他们根本不觉得这是在透露什么，更不会觉得这是在出柜或者"承认"自己的性取向。这就是为什么在公共场合的穿着很重要，尤其是我们如何表现得像男性或者像女性，因为这种选择塑造了别人对我们的看法。这也是为什么基于种族、性别和残疾状况的特权和压迫如此强大。人们认为，只需要看到我们，或者听到我们的名字，就可以知道我们的身份。因此，他们很容易把我们和如下观念联系起来：我们是谁、我们是否"正常"、我们能做和不能做什么、我们有什么价值、我们的权利和他们有什么关系。从这个意义上讲,我们需要扩展我们在文化意义上建构现实的观念(见第二章),因为在涉及身份、角色和概化他人的时候,我们创造的现实具有深刻的结构性。

因为身份和角色是社会系统的要素,所以我们相对于自己和他人的身份深深地植根于我们在系统中的参与,以及我们学习如何做到这一点的社会化过程。因此,理解我们自己成了社会学实践的一个基本部分,而不仅仅属于心理学领域。身份和角色把我们与社会世界联系起来,并使我们的生活与其他人的生活重叠。它们在社会空间中定位我们、识别我们、固定我们。没有身份和角色,就没有社会意义上的存在,也就几乎没有我们所知道和体验的自我和生活了。

如果一个文化非常重视自主和独特个性,生活在其中的人可能会对上面这个想法感到不安。但事实上,它并不会贬低我们作为人的价值。它仅仅意味着,我们(和我们的价值)存在于更大的东西中,我们并不是事物的开始或终结。即使是那些拒斥社会的反叛者和反传统者,也会把他们的自我意识、他们的生活与比自身更大的东西——他们所拒斥的社会——联系起来。他们在这些社会中占有可识别的身份,比如"反叛者"和"反传统者"。例如,在大多数高中和大学,一些学生通常扮演"不循常规者"的角色,他们公开拒绝遵循某种文化类型的观念,从而遵循了另一种文化类型。

这并不意味着我们只是身份和角色的占有者。我们可以创造性地选择如何参与社会系统,而且人类存在的奥秘远远超过了社会建构。每一种文化都有关于这些奥秘和关于它本身的**观念**,但我们只能最大限度地建构二手的或三手的现实。

只有在罕见的几个瞬间，我们才能挣脱社会系统，更直接地体验生命与死亡的奥秘。但这种体验足以提醒我们，无论我们如何建构关于社会生活和关于我们自己的感觉，在它之下仍然隐藏着一层又一层的奥秘。我们不是机器，社会系统也不是机器。两者都更加复杂、更加缥缈、更加有趣。

系统中的自我

我们如何参与系统的关键在于"社会互动"这个概念，而社会互动的关键是"行动"和"行为"之间的区别。我们做的每一件事都是"行为"，但只有部分行为采用了"行动"的形式。

举个例子，一个女婴迈出的第一步是一种行为，而不是一种行动。然而，当她长大了，听到有人说"请过来"，她就会从房间的一边走到另一边：这既是一种行为，也是一种行动。有什么区别？在前一种情况下，她的行为不需要解释。她不会考虑自己做的（以及没有做的）事情有什么意义，也不会考虑别人将如何感知和解释这种行为。她没有考虑到这一点，是因为她缺乏必要的语言和抽象的文化观念来思考她正在做什么，或者人们对她的期望，以及人们如何理解她正在做的事情。而在后一种情况下，她可以用语言预测她的行为对别人的意义，然后在选择做什么的时候考虑这个想法。她能够想象各种选择，以及每种选择最可能得到的反应。

简而言之，基于意义的行为就是行动，而当我们与他人互动时，行动是我们参与社会系统和社会生活的基石。

在个人层面上，社会系统通过互动得以发生，但**我们**也通过互动成为社会生物。正如戈夫曼在几本精彩的书中所说，我们就像舞台上的演员。[1]每一个社会情境都有道具和场景，有剧本和即兴表演的机会。每一出戏都有观众，但在社会生活中，我们都是演员，也都是别人的观众。

作为演员，我们用各种各样的技巧让自己的表演看起来真实，符合我们扮演的角色，无论我们声称在那种情境中扮演的是谁，都会得到认可。例如，我们会努力让自己看起来像那个角色，穿得体的服装，对情境有正确的态度，知道自己的台词，带着合适的道具。就像演员一样，我们会创造出对自己的印象，戈夫曼称之为"自我呈现"。

和所有的印象一样，自我呈现是一个持续的过程。它需要维系和管理，特别是当我们做了一些"不符合性格"的事情，或者当我们的表演受到质疑时。例如，当两个人出去约会的时候，每个人都会花时间塑造他们想要展示给对方的自我——选择穿什么衣服，是否洗澡，是否使用除臭剂或古龙水，如何设计发型，如何使用珠宝和化妆品。每一个行动都会影响他们给人的印象——他们说什么和怎么说，他们在餐馆里点什么和怎么吃，他们在什么时候、以何种频率看对方，以及看多长时间，带着什么样的面部表情，什么让他们发笑或不发笑，他们说了多少和听了多少，他们如何以及何时触摸对方。

---

1 参见欧文·戈夫曼的下述作品：Erving Goffman, *The Presentation of Self in Everyday Life*, Doubleday, 1959; *Asylums*, Anchor Books, 1961; *Behavior in Public Places*, Free Press, 1963; *Stigma: Notes on the Management of a Spoiled Identity*, Prentice-Hall, 1963; *Interaction Ritual*, Anchor Books, 1967; *Gender Advertisements*, Harper Colophon, 1976; *Forms of Talk*, University of Pennsylvania Press, 1981; *Encounters*。亦可参见 Philip Manning, *Erving Goffman and Modern Sociology*, Stanford University Press, 1992。

当他们分开的时候，两个人都想知道自己给对方留下了什么印象，自己是否说了或做了什么会被误解的事情——这些事情所展现出来的自我不符合他们的自我认知，或者他们期望被看到的样子。就像面对观众的演员，当幕布落下时，他们等待着观众的反应，等待着热烈和持久的掌声，等待着任何能表明他们的表演在多大程度上被认可的东西。在约会中，这可能是指是否会有一个晚安吻，或者"我过得很开心"或"我会打给你"这类话听起来是真诚的还是仅仅出于礼貌（这是另一种管理印象的方式）。

就像在戏剧中，社会生活的演员和观众都希望一切按照预期进行，否则会影响我们扮演自己角色的能力。即使作为别人表演的观众，我们也绝不仅仅是观众，因为观众也要扮演自己的角色。这就是为什么，当剧院里的演员忘记台词或者以其他方式搞砸了自己的表演时，观众通常会感觉不舒服。"他人失败表演的见证者"是很难扮演的角色，因为我们坐在那里看着失败发生，而这个事实只会加剧演员的痛苦。我们成为演员失败的一部分，如果我们当时不在那里——如果没有观众——失败就不会发生。

我们会竭力地避免演员失败。我们不去注意那些忘词、结巴、偶尔的失误、笨拙的表达，仿佛这些从来都没有发生过，目的是让表演继续下去，希望"舞台"上的人"团结一致"。通过这种方法，我们既保护了他们，也保护了自己，还保护了我们共同参与的戏剧的完整性。演员和观众都需要管理自己的印象。

当然，作为演员，我们可以做很多事情保护自己的表演。我们可以用一些免责声明否认自己说过的话，比如"我只是开玩笑"或者"我不是故意的"或者"我不知道我怎么了"。一个男人可能说了一些性别歧视的话,但他会试图撇清关系,说这并不意味着他是性别主义者。或者,正如戈夫曼指出的,他可能会做出尴尬的反应,让人们知道,尽管这次的表演可能失败了,但他下次会做得更好。[1]他的脸红和尴尬表明他看重人们对他的期望,这种表现可能通过加强他在剧中的角色来保护他。

把社会生活看成戏剧,可能让我们有理由怀疑,我们是否有一个真实的自我,是否一切都是玩世不恭的算计:想办法留下最好的印象,维护自己的表演,同时扮演别人的观众。角色的概念似乎排除了真实的可能性——留下印象和试图进行被认可的表演,似乎总是意味着通过假装和伪饰掩盖"真实的"自我。

但是,我们是谁以及我们如何参与社会生活,这两者的界限并不像表面上看起来那么清晰。在表演中清晰地区分两者会招惹各种麻烦。如果假装我们的角色行为与我们的真实自我无关,那么我们就避免了为角色负责,也避免了为自己在整出剧中的戏份负责。

戈夫曼认为,我们一直都在做自己,尽管我们可能不喜欢承认结果,不喜欢让它们影响别人对我们的看法。哪怕我扮演角色的方式与我认为的"我"相矛盾,但扮演该角色的人依然是我,与拒绝该表演的"我"同样真实,尽管该表演没有反映真实的"我"。即使我在假装,即使我的行动不能反

---

[1] Erving Goffman,"Embarrassment and Social Organization",*American Journal of Sociology* 第 62 卷(1956—1957),第 264—271 页。

映我的真实感受，但假装的人仍然是我，我的形象和行为创造了一个特定的印象。

无论表演的结果如何，它都源自我内心的某个地方，而表演中的任何不真实都在于我没有意识到这一点，并否认我的行为导致的后果与我的关系。因此，真实性的问题不在于我们扮演角色和管理印象。问题在于，我们没有接受和承认我们的行动是我们**身份**的一部分。问题不在于我们需要扮演太多的前后矛盾或不符合本心的角色。问题在于，我们有时候没有意识到我们自身和我们参与的社会生活非常复杂，没有把这些角色与这种复杂性结合起来。

看不到这种复杂性，我们就会不知不觉地参与到社会系统中，这些系统会产生各种各样的后果，包括好的后果和坏的后果。与此同时，我们也不太可能做一些事情改变这些后果。例如，当白人表现出种族主义，他们经常急于表明自己不是种族主义者。他们会说"我不是那个意思"，或者"我失言了"，或者"我（说）错了，我很抱歉"。他们几乎不可能这么回应："我认为这个世界上的种族主义已经融入了所有人的生活，包括我的生活，我最好看一看这对我意味着什么。"

从印象管理的角度看，自我辩护时所说的一切可能都是真的：他们没有**打算**说或做任何会伤害别人的事情，从而增加人们对他们的种族主义印象。但这是次要的，更重要的是，社会行动的种族主义内容是真实的，以及人们是否选择有意或无意地成为种族主义言论的媒介，而这说明了他们参与的系统**和**他们作为参与者的一些情况。在种族主义的社会中，反映和强化白人特权的言论和行动是最小阻力路径，它们更多地解释了我们的社会，而不是我们自身。但面对这些路径，我们所做的选择也说明了我们在面对这些路径时是怎样的人；如果看不到这一点，对于路径和我们自己，我们便无能为力。

在社会学实践中，最重要或最难把握的事情，莫过于人和系统之间的关系。在个人主义的社会中，最小阻力路径完全忽视系统，或者把系统看成威胁要吞噬我们的模糊力量。然而，事实比这复杂得多，其中蕴含的创造性生活的潜力也要大得多。

例如，我们与系统文化之间的关系是动态的、活生生的，我们创造了这个世界，也通过这个世界被创造。我们是文化的客体：文化观念描述了、评价了、限制了我们的身份、思考、感受和行为。我们也是文化的主体：我们有信念、价值、期望、感觉、目的，会写作、谈话、思考、梦想。我们是文化的缔造者，文化是无尽的人类经验的一部分——感知、解释、选择、塑造、创造。我们自己创造了文化，这让我们经常无法确定文化与我们之间的界限，或者无法确定这个界限是否存在。我们是文化的接收者，我们被社会化和濡化（enculturated）。我们是把观念内化的人——我们把观念带到内心，在这里，它们塑造了我们如何参与社会生活，从而使社会生活得以发生。同时，我们使之发生的文化力量也塑造了我们，使**我们**得以发生。

文化是一种我们与他人共享的创造性媒介，文化不是我们，但文化也不完全与我们无关。文化通过我们而存在，正如我们通过文化而存在。文化在我们**之间**，文化也**属于**我们。我们参与到文化中，这提供了一种参与他人生活的方式。在这个意义上，没有明确、固定的界限把我们与文化分开，因此也没有明确、固定的界限把我们与其他人分开。文化就像空气。它无处不在，人类离不开它。我们可以脱离任何一种文化，但我们不能没有**任何**文化。

和空气一样，文化以某种方式流入和流出我们，使我们无法在"我"或"我们"和"它"之间划出一条真正的界线。空气既在我们的身体之外，也在我们身体的每个细胞之内。作为生物，我们是空气的一部分，但我们以一种特殊的方式区别于狗、蕨类植物和细菌。既然我们都与空气——就像与文化一样——有着这样的关系，那么在某种程度上，我们都是彼此。在你之内和在我之内，流动和混合着相同的空气。

文化提供了创造自我和社交生活所需的观念和物质，但我们必须决定如何运用它们。文化无法思考、决定或者做任何事情，社会系统的任何其他方面或系统自身也不行。在与系统的关系中，我们不是自主和独立的，但我们也不是绳子上的木偶。我们处在两者之间，处在一个更有创造性的位置。

我们就像爵士乐即兴演奏者，必须了解音乐的基本原理才能演奏。他们必须知道升号和降号的区别、大调和小调的区别，以及音符如何组成不同的和弦。他们必须知道如何协调时间、节奏和声音，才能形成音乐的流动，并在一起演奏时保持同步。换句话说，他们需要知道符号与观念如何定义和支撑作为一种音乐形式的爵士乐，它们如何塑造音乐家思考、倾听和想象的方式，以及它们如何以结构和生态的方式相互联系。但是，限制他们的社会形式被他们用来创造、用来玩转"规则"、用来以熟悉（"音乐""爵士乐"）而新鲜的方式测试极限，这就是即兴演奏。

但这并不意味着他们可以随心所欲地演奏，即便爵士乐听起来是这样，仿佛每个人都在做自己的事情，不理会其他人。

但事实上，他们深切地知道彼此的存在以及他们在其中演奏的形式，同时他们也在创作和构思。在看似创造性的混乱之下，隐藏着一种未明确的内在纪律，这种纪律基于他们在社会系统中的共同参与。因此，整首乐曲具有音乐完整性和**社会**完整性，不仅发生在音乐家个人**身上**，也发生在音乐家**之间**。这种演奏遵循特定的形式，但也不乏即兴创作，有时候甚至超越了爵士乐区别于其他音乐形式的独特特征。爵士乐和音乐家之间的关系也是社会生活和我们之间的关系。

让系统得以发生

我们的生活、系统和社会生活都发生在一种特定的现实感中，我们创造和维系这种现实感的所有方式就是社会互动。社会互动是我们和系统之间的相互影响，它通过行动和形象发挥作用。例如，如果一家银行的员工穿着小丑服装和大猩猩套装，客户就很难认为这家银行是可以放心存钱的公司。形象和行动相互映照。银行的氛围通常很静谧，出纳员以安静、高效的方式处理交易，于是客户会觉得这是一个严肃的地方，自己的钱能得到妥善保管。银行里的人们不会大笑，也不会拿银行倒闭和挪用公款开玩笑，就像飞行员和乘务人员不会发表关于坠机和炸弹的有趣评论。

事实上，在美国，特别是在2001年的"911事件"之后，你有可能因为在机场开玩笑说携带炸弹上飞机而被逮捕。这项政策之所以存在，是因为即使没有恐怖主义的威胁，人们普遍认为的"乘飞机是一种安全的旅行方式"也不过是脆弱的社会现实。必须控制人们相反的言行，这种观念才能维持下去。当我坐在三万英尺[1]高的座位上,看着书或者在iPod上听音乐,我通常不会想到安全和迫在眉睫的危险之间的细微差别,我周围的一切都在鼓励我不要那么想。舒适的座椅、电影、食物、杂志、音乐、空调、暖气、无线网和电话——所有这些都创造了一种现实感。考虑到它发生的地方,这在某种程度上是很荒谬的。但我接受了这种情境,并在我的脑海中把它当作"正常的"和普通的,直到发现了一些不正常和不普通的事情。

每一种社会情境都是由一种现实定义的,这种现实只有在人们积极塑造它和支持它的时候才会存在。[2]以谈话这样的简单事情为例,我们必须通过姿态、言语和肢体语言,在我们之间维持一种共有的感觉,即我们所称的"谈话"一直在继续。例如,我们可以使用各种方法让别人确信我们正在倾听他们说的话。我们看着他们,不时地点头,偶尔低声说一声"嗯嗯",对有趣的部分微笑和大笑,对严肃的事情皱眉,就他们所说的事情问问题或发表评论。如果没有这种确信,"谈话正在发生"的想法就无法作为一种共同的现实而维系下去。

我曾经在研讨会上做过一次生动的练习。人们两两配对,

---

[1] 英美制长度单位,1英尺等于12英寸,合0.3048米。——译者注
[2] 研究人们如何维系特定情境之现实的方法被称为"常人方法论"(ethnomethodology,字面意思是"人的方法")。它与哈罗德·加芬克尔(Harold Garfinkel)的研究密切相关。参见他的 *Studies in Ethnomethodology*, Prentice-Hall, 1967。亦可参见 J. Maxwell Atkinson、John Heritage, *Structures of Social Action: Studies in Conversation Analysis*, Cambridge University Press, 1984; R. A. Hilbert, "Ethnomethodology and the Micro-Macro-Order", *American Sociological Review* 第55卷, 第6期(1990), 第794—808页; Eric Livingston, *Making Sense of Ethnomethodology*, Routledge and Kegan Paul, 1987。

一个人给另一个人讲故事，而后者需要假装完全不知道对方在说什么（有时候会睡着）。这对于发言者是一种糟糕的体验，他们通常不知道接下来应该说什么，或者知道该说什么但无法说出口。从这个意义上讲，"谈话"是我们在两个人之间创造和维系的现实，我们做的或没有做的任何事情都会使它发生。我们必须学习如何维持谈话，它的方法因系统而异。

例如，在某些社会中，不时地注视对方的眼睛是谈话中集中注意力的标志。然而，在其他的社会中，这被认为是下位者对上位者的不尊重。因此，当美国学校里典型的中产阶级白人教师试图与拉丁美洲或亚洲社会的学生谈话时，他们发现学生似乎在有意地使对话无法进行下去（他们也许会认为，学生正在试图隐瞒一些坏事），但实际上这是一种尊重和礼貌的表现。在一个系统中维持谈话的东西，在另一个系统中可能会产生相反的效果。

我们不断地运用关于现实建构方式的信念，想要理解每一刻正在发生的事情，并竭力地让它延续下去。例如，我走进电影院，发现排队的人从前门一直延伸到人行道。我知道这意味着电影院还没有开始卖下一场电影的票，所以我应该走到队伍的末尾，等待队伍向前移动。排队等候的社会现实非常脆弱，因为大多数人都希望排在前面，而不是排在后面。由于它非常脆弱，即使是最小的事件也会使它崩溃。例如，只要有几个人离开队伍，抢在其他人前面走到门口，人们就会怀疑这是不是一条"队伍"，等在原地的规则是否仍然适用。当这种情况发生时，队伍可能既在物理上，也作为一种共有的社会现实而分崩离析，这种社会现实依赖于社会行动的特定模式来维持其存在的共识。

我们用于维系社会现实的方法被反复地使用，所以它们通常具有仪式的性质。[1]例如，婚姻伴侣之间的亲密关系通常建立在两个人彼此相爱的假设之上。由于假设只是一种观念，通过仪式的维系，两个人把这个假设视为他们日复一日参与的现实的一部分。这些仪式可能包括在睡前说"晚安"，也许还伴随着一个吻，或者在挂电话前说"我爱你"，或者在早晨分开时亲吻道别。

我们可能不会认为这样的仪式是在维系现实，直到我们的伴侣在一段时间内没有执行它们。就其本身而言，每一句"我爱你"、每一个吻、每一句"晚安"并没有太大意义，但作为爱情关系的社会现实的组成部分，它们可以具有更大的意义。只需要短暂地间隔几天，就会增加伴侣的不安全感，担心感情中出了问题，质疑爱和承诺是否比以前更加薄弱，甚至是否从未如他们想象的那样存在过。和许多互动仪式一样，我们不知道这些仪式的存在，直到有人偏离了它们，然后我们注意到了社会结构中的缺口，这些缺口标志着它们应该在哪里。

日常生活中的大结构

对互动的关注自然地把我们引向了个人，但重要的是要记住，我们所说的或所做的几乎所有事情都发生在某个社会系统中，而且经常会影响更大的系统，尽管我们当时并不知道。

例如，语言学家德博拉·坦嫩写了几本关于女人和男人

---

[1] 参见 Goffman, *Interaction Ritual*。

如何相互交谈的书。[1]她注意到，男性倾向于以提升自己地位的方式说话：他们比女性更有可能在谈话中途打断对方，使用攻击性的语言和语调，避免做任何可能暗示他们缺乏控制力的事情，比如问路或者在回答问题时说"不知道"。另一方面，女性比男性更倾向于以支持人际关系的方式互动：在别人说话的时候认真倾听，等待自己的发言机会而不是打断别人，避免语言攻击，敢于承认自己的疑惑。坦嫩解释说，这些模式是一个相对简单的问题：在成长过程中，孩子们在同性群体中玩耍，被他们的同伴社会化，从而以不同的方式进行互动。坦嫩认为，他们相当于在不同的文化中成长，并据此做出相应的行为。

坦嫩的方法的问题在于，她没有把这些差异与更大的社会背景联系起来，后者使它们成为最小阻力路径。例如，她告诉我们男孩通过和其他男孩玩耍学会了攻击性互动，但她没有说**那些**男孩是从哪里学会攻击性互动的。男孩和女孩的行为模式似乎由他们自己发明，而不是作为社会化的一部分，从他们**共同**居住的更大的社会中习得。

更重要的是，坦嫩没有继续追问，是什么样的社会具有让男性追求地位、让女性关注人际关系的最小阻力路径。她几乎没有提到我们生活在一个男性主导、男性认同、男性中心的社会。在这样的一个世界里，追求地位的男性和关注人际关系的女性也强化了男性特权，加重了女性因为男性特权而付出的沉重代价。

---

[1] 例如，参见德博拉·坦嫩的下述作品：*You Just Don't Understand: Women and Men in Conversation*，William Morrow，1990；*Talking Nine to Five*，William Morrow，1994。

当女性和男性沿着最小阻力路径互动时,他们的差异不仅仅是说话的方式不同。他们也使某些特定类型的社会不断地发生。在这样的社会中,男性打断别人,而女性并不反对;男性在不知道答案的时候也要回答问题,而女性在知道答案的时候也要保持沉默;男性蛮横地为自己的观点辩护,而女性提出疑问并愿意接受其他可能的答案——男性特权的系统以这种方式**发生**,其目的是为作为整体的社会,以及包含在其中的所有系统——从家庭到工作场所——塑造一个主要的结构特征。

每一种形式的社会不平等都是如此,这些社会的包容和排斥、优势和劣势、奖励和惩罚的模式助长了一些群体对其他群体的特权。例如,在各种工作场所,白人女性、有色人种、LGBT 人群[1]以及残疾人都在接受一些信息,这些信息使他们感觉自己是不受欢迎的外人。有时这些信息是公开和故意的,但它们经常被编织到日常的互动结构中。

例如,罗萨贝思·莫斯·坎特在对企业的观察中发现,当男性在女性面前使用粗俗的语言时,他们可能会特意向女性道歉。[2]虽然男性可能认为自己很善解人意或者很有礼貌,但他们也在传递这样的信息:如果没有女性在场,他们就不

---

[1] LGBT 是女同性恋者(lesbian)、男同性恋者(gay)、双性恋者(bisexual)和跨性别者(transgender)的首字母缩写。一些活动家还会加入"酷儿"(queer),变成 LGBTQ。"酷儿"泛指这样的一类人:以各种方式拒绝、考验或逾越文化上认为的正常的性别、性别认同或性取向和性表达的边界。也有人认为,酷儿是 LGBT 四个组成部分的总称。当然,"酷儿"也经常被用作对 LGBT 人群的侮辱。

[2] Rosabeth Moss Kanter, *Men and Women of the Corporation*, Basic Books, 1977.

会如此在意自己的说话方式。通过道歉，男性会让人们注意到女性在场的特殊性，并将女性视为干扰正常谈话的外人。

男同性恋者和女同性恋者一直在经历这种排斥，因为异性恋者总是假定其他人也是异性恋。[1] 例如，由于出柜会在工作中带来各种风险，同性恋者在最简单的日常互动中也必须小心谨慎，比如在周一早晨谈论周末做了什么。异性恋者可以尝试着想象讲述自己的家庭而不使用任何表示性别的词语，在这种情况下，他们就会对同性恋者在工作场所的处境有所了解。异性恋者不会因为透露伴侣的性别而失去什么东西，比如一个女人用男性代词"他"指代她的伴侣。但如果这种情况发生在女同性恋者身上，她可能会陷入麻烦，被排斥，甚至被骚扰和歧视，最终她的生计会受到威胁。由于异性恋者有更大的自由谈论自己的个人生活，这样的谈话就成了一种特权，因为非异性恋者没有这项权利。[2] 异性恋者很少意识到这一点，这也是他们特权的一部分。

在一个优待白人的社会中，许多种族的人都必须应对排斥和歧视的互动模式。"你不是白人"和"你不属于这里"，此类信息以各种方式传播。例如，在公共场所，黑人男性通常被视为令人恐惧的对象，白人在路过的时候会紧紧地抱住包，甚至小心翼翼地避免擦肩而过。黑人的在场也经常受到怀疑，无论这种怀疑多么有礼貌。

举个例子，一家大型律师事务所的一名黑人合伙人某天

---

1 参见 Brian McNaught, *Gay Issues in the Workplace*, St. Martin's Press, 1993。
2 关于"特权"概念的更多信息，参见 Peggy McIntosh, "White Privilege and Male Privilege: A Personal Account of Coming to See Correspondences through Work in Women's Studies", Wellesley Centers for Research on Women, 1988。

早晨过来上班,遇到一名新雇的年轻白人律师,这名律师不知道面前的人是谁。

年轻人尖锐地问:"需要我帮忙吗?"在对方回答"不需要"的时候,他重复了这个问题,直到高级律师愤怒地解释自己是谁。

一位黑人联邦法官讲述了他和几名同事——都穿着西装、打着领带——在大城市的一家著名酒店外等出租车的故事。一名白人女性开车过来,下了车,把钥匙递给这位法官[1],然后大步走进酒店。[2]

通过这种方式,社会不平等的大结构作为整个社会的特征,在日常生活中发挥了作用。这些系统有无数种方式限制和损害人们的生活,但它们通常不采取公开和故意的伤害形式。相反,它们的发生是通过特定的用词、语调、沉默或转移目光的时机,或者一个看似无辜的问题。由于这些模式,主导群体的成员甚至很难意识到自己拥有特权,也更难意识到他们的特权让其他人付出的代价。也是由于这些模式,从

---

[1] 这名白人女性认为这位黑人法官是一位"泊车员",即在高档酒店门口提供代客泊车服务的工作人员。——译者注

[2] 这样的故事在美国有色人种的经历中比比皆是。例如,参见 Lois Benjamin, *The Black Elite*, Nelson-Hall, 1991; Ellis Cose, *The Rage of a Privileged Class*, HarperCollins, 1993; Joe R. Feagin, "The Continuing Significance of Race: Antiblack Discrimination in Public Places", *American Sociological Review* 第 56 卷,第 1 期(1991),第 101—116 页;Joe R. Feagin、Hernán Vera、Pinar Batur, *White Racism: The Basics*, Routledge, 1995; Joe R. Feagin、Hernán Vera、Nikitah Imani, *The Agony of Education: Black Students at White Colleges and Universities*, Routledge, 1996; Joe R. Feagin、Melvin P. Sikes, *Living with Racism: The Black Middle-Class Experience*, Beacon Press, 1994; David T. Wellman, *Portraits of White Racism*(第二版), Cambridge University Press, 2012。

属群体的成员很难忍受微小的日常排斥和侮辱，其中任何一种都不会造成很大的重负，但积累起来就成了一种负担。这种负担的名字就是"压迫"。

语言、姿态和行为的细节，以及社会系统是如何发生的，这两者的相互作用以某种方式在社会生活的每个层面和每个领域发挥作用。对于我们做或者不做的每件事情，我们选择如何做这些事情，这种相互作用都具有重要的意义。最终，它将我们与一个比我们自身和我们的亲身体验更大的社会现实联系起来，这个现实通过我们的参与被塑造，同时也塑造了我们。

第六章

事情不是你所见

社会学不仅仅是一个研究领域、一门学科或者一种智力追求。它也是一种实践、一种处世方法。因此，它可以揭示日常生活之下的假设和理解，从而改变我们看待现实和体验现实的方式。其中的大部分假设和理解很少被说出来，也很少以其他的方式明确表达，但它们强有力地塑造了我们的感知、思想、感觉和行为。透过表象，社会学揭示了一个更深层、更复杂的现实。

这种情况发生在人类体验的各个层面，从全球政治到最亲密的关系。例如，当有人说"我爱你"，这是什么意思？"错误的"人说"我爱你"或者"正确的"人不说"我爱你"，这两种情况为什么如此重要？

或者，为什么那么多人在美国选举中不投票？在一个以民主为荣的国家，为什么投票率几乎比其他任何地方都要低？

或者，为什么世界上最富有的国家存在如此普遍和持久的贫困？为什么解决方案似乎都不起作用？

为什么"大多数暴力由男性实施"这一事实，没有被认为是全世界暴力流行的关键？是什么让男性的暴力隐形？

"我爱你"

对我们大多数人来说，语言不过是标记世界，通过符号表达我们的感知、思考和感觉，并将其传递给他人的一种方式。但我们在第二章已经看到，它没有这么简单。语言也是一种共有的媒介，它创造了我们在每个社会情境中认为的现实。因此，它就像强力的胶水，黏合了社会系统和我们的参与。它允许我们假定真实和非真实的基本轮廓。如果没有它，社会生活就不可能发生。

在语言的所有用途中，最有趣、最少被研究的一种是"述行语言"，即本身可以作为一种行动的表达。例如，我们经常用语言描述我们已经做了什么，我们正在做什么，或者我们准备做什么。虽然这些话有意义，但说这些话的动作本身并不是一种社会行动。

例如，我可能会说"我一直在考虑辞职"，但除了说这些话来表达我的想法，我什么都没有做。然而，如果我对我的老板说"我要辞职"，那么我不仅用语言表达了意思，而且还**做了**一些事情。我说了这句话，实际上我就已经辞职了，在这个行动中，我改变了一部分社会现实——我和老板的关系，以及我和雇用我的社会系统之间的关系。

行动是述行语言能够**述行**的原因：这种语言不仅仅是**关于**现实的某些方面，而且是**改变**现实的有意义的行动。它们是一种行动,因为它们表达的内容被认为是超越谈话机制的行动。同样,当我说"我保证把我欠的钱还给你",我不仅仅是在表达我的意图。我也通过说一些实际上改变了我与对话者关系的话,**做了**一些事情。这些话援引了一系列的社会期望,这些期望约束着我的某些行动,赋予别人让我负责的权利。说"我保证"就**是**一种承诺,其后果不亚于其他的任何社会行动。这适用于任何一种誓言,从法庭上的宣誓说真话,到宣誓效忠政府。

述行语言最著名的例子也许就是人们在结婚时说的"我愿意"。这三个字经常在电影中成为紧张和幽默的来源,这绝非偶然,因为观众屏息等待,看着一个角色犹豫地静立在那里,有可能**不会**说出这句话。没有这三个字,婚礼上的其他一切言语就都毫无意义。如果在适当的时候说这句话,它们就具有社会权威,可以真正地改变两个人与家庭之间的关系,以及他们与国家等机构的关系——要消除说这句话的影响,必须得到国家的批准。

"我保证""我要辞职""我愿意"——我们比较容易理解这样的短语如何被算作述行语言,但一种更有趣的情况是述行语言有时候不那么明显。例如,当我说"我很抱歉"的时候,我可能只是对别人的失落或痛苦表达悲伤,无论那些事情是否与我有关。然而,这句话也可以作为述行语言,改变我与他人的关系。

例如,如果我因为迟钝而伤害了别人的感情,那么我就承担了接受他们愤怒的社会义务,因为社会认为他们有权利这么做。我也有义务至少尝试着以某种方式补偿他们。避免愤怒和义务的方法——让关系恢复如初的方法——就是把"我很抱歉"作为一种述行语言，让自己摆脱困境。我伤害了他们的感情，他们感到愤怒，然后我说"我很抱歉"。当他们继续生气的时候，我会搪塞他们："我已经说过对不起了，不是吗？"如果这句话仅仅表达了我的感受，它就几乎不会有任何效果（"你可能感到抱歉，但我仍然很受伤！"）。但作为述行语言，它可以改变关系本身，前提是人们不再觉得他们有权利继续生气，也不再觉得我有义务做点什么来弥补我造成的伤害，即使只是忍受他们的愤怒。

这种述行语言非常强大，因为我们没有意识到它是述行的。"我爱你"就是一个典型的例子，它可能是隐蔽的述行语言中最强大的（和最危险的）一种。

自从欧洲骑士时代出现浪漫爱情以来，"我爱你"已经成为人们希望听到和有机会说的最重要的短语。尤其是在西方社会（但在其他地方也越来越多），人们似乎有一种对爱的痴迷——得到爱，拥有爱，维持爱，以及从失恋中恢复。从文学和电影，到音乐、艺术，甚至每所中学的走廊，爱无处不在。在我们的生活中，没有什么东西比在正确的时间听到正确的人说出那三个字更有力量，足以让我们感到幸福，或让我们像傻瓜一样愿意冒险。

那么，这句话是什么意思？更重要的是，说出这句话代表了何种有意义的行动？

在最简单的意义上，这句话像任何句子一样传递了信息；只是在这个句子中，信息具有很高的文化价值，因为它表达了一个人对另一个人的看法和感受。如果这就是"我爱你"的全部含义，那么我们都希望尽可能多地听到这句话，尤其是在一个人们痴迷于爱和被爱的社会。但事实并非如此，因为"错误的"人说"我爱你"和"正确的"人**不说**"我爱你",两者可能同样成问题。说(和不说)"我爱你"是非常麻烦的,因为这句话的作用远远不止传递关于现实的信息。在**改变**现实方面,它也扮演着关键的述行角色。这就是为什么这三个字会引起如此多的关注和麻烦。

例如,我们可以把"我爱你"当成一份礼物或一种赞美。如果遵循互惠规范[1],我们就会觉得有义务完成交换,方法是这么回答:

"我爱你。"

"谢谢。我也爱你。"

一个人对另一个人说"我爱你",我们可以把它解释为一种表现脆弱的方式:冒险把自己的感情暴露给别人,从而加深我们之间的关系。就像送礼物一样,这种解释也要求对方以某种方式回报。无论是哪一种情况,当我对别人说我爱他——尤其是第一次——我希望,甚至期待,对方会说他也爱我。

如果两个人之间已经反复说过很多次"我爱你",那么即使这句话没有真正地说出口,我们也可能会认为已经得到了回应。但是,如果对方的回答不是"我也爱你",那么我们就有麻烦了。比如"太棒了"或者"感谢你和我分享你的感受"或者"你爱我真是太好了",这样的回答可能会让我们感觉不

---

[1] 关于互惠规范的经典论述,参见 Alvin W. Gouldner, "A Norm of Reciprocity: A Preliminary Statement", *American Sociological Review* 第 25 卷 (1960),第 161—178 页。亦可参见 Marcel Mauss, *The Gift*, 1925 (重印版, Free Press, 1954)。关于交换理论的更多信息,参见 Peter M. Blau, *Exchange and Power in Social Life*, Wiley, 1986; K. S. Cook 编, *Social Exchange Theory*, Sage, 1987。

满、暴露、愚蠢、脆弱甚至羞辱（"我说我爱他,他却只说了'谢谢'！"）。任何说过"我爱你"的人都知道,等待回应是一件特别痛苦的事。任何在不情愿的情况下被表白的人都知道,被迫回应没有感觉的人是多么痛苦和尴尬。

但是,我们不能假装说"我也爱你"来履行回应的义务吗？在其他情况下,人们总是这样做的：

"你今天看起来很棒。"

"谢谢,你也一样。"

我们当然可以假装,但这样做是有风险的,因为不同于"你看起来也很棒","我爱你"是一种强大的述行语言,远远超过了交换赞美和愉悦的想法。在可能演变为恋爱的关系（例如,不同于父母和孩子之间的关系）中,第一次说"我爱你"不仅仅是让对方感觉良好的方式。它也是一种改变关系的邀请。如果我们回应"我也爱你",那么我们的行为就已经改变了我们与另一个人的关系。突然之间,连接我们的期望和理解发生了变化。例如,可能会在恋爱中增加性的维度,或者在各种情境中对那个人有高于其他人的偏好和忠诚。对方可能期望与我们建立一种长期的关系,甚至是一种永久的关系,包括共同生活或者组建婚姻和家庭。

作为述行语言,"我爱你"不仅仅用于交流,它还作用于社会现实,并通过改变我们与他人的关系来改变社会现实。它是不具有正式约束力的"我愿意",它的重要性不仅体现在它的意义上,也体现在它的**作用**上。在这个意义上,如果没有述行词语,所有通常与说"我爱你"相关的积极情感就只是不会发生改变的信息：

"你说我很棒、有魅力、性感、聪明、风趣,我让你兴奋、感兴趣、感动,你想和我在一起。但你从来没有说过你**爱我**。"

"我爱你"是一句关键而强大的话,因为它标志着跨越爱情关系的结构边界。这就是为什么我们必须非常注意说这句话的时机和对象。使用"爱"这个字是一回事,比如在写给朋友的信里署名为"爱你的",但说"我爱你"完全是另一回事。简而言之,两者之间的区别是表达一种感情和宣布一段关系。

这句话可以让我们跨越边界,进入一段新的关系,从根本上改变我们的责任和义务。作为感觉的爱和作为关系的爱,这两者的区别在经典的邪典电影[1]《哈罗德与莫德》中得到了很好的诠释。在电影中,年轻、有自杀倾向的哈罗德爱上了年长、无拘无束的莫德。哈罗德不知道的是,莫德有一个长期的计划,要在八十岁生日时结束自己的生命。她认为这是她死亡的最佳时机。她服用了过量的药物,而哈罗德发现后,立刻把她送到医院。他不顾一切地想要救她,高喊着她不能这么做,因为"我爱你。我爱你!"。但她不能同意他把感情定义为一种约束关系:"好极了,哈罗德!"她回答说,"去爱更多的人!"

在许多无关浪漫的情境中,"我爱你"也是一种述行语言,有完全不同的动态和结果。例如,当父母对孩子说"我爱你",它的意思与孩子对父母说"我爱你"不同。这反映了父母和孩子在角色上的深刻差异。对父母来说,这句话不仅表达了爱意,也表达了对孩子幸福的承诺。这句话与父母的承诺紧

---

[1] 邪典电影(cult film),指题材小众、风格奇特,在小圈子内被支持者狂热推崇的电影。——译者注

密相连，以至于孩子可能无法从中得知父母对他们的真实感受，这就是为什么年龄较大的孩子经常区分被父母爱和被父母喜欢。父母和孩子之间的角色关系，要求父母在承诺照顾他们的意义上爱他们，但不要求父母喜欢他们。

从孩子的角度看，说"我爱你"可能与他们对父母的实际感受没有多大关系，尤其是当他们还太小，不知道爱为何物的时候。这句话其实是为了获得父母的保证，当父母回应"我也爱你"的时候，这表示父母和孩子之间的关系是确实的。这种仪式也适用于成年伴侣之间，作为一种简便的标志承诺关系仍在继续的方式。

述行语言的力量要求我们谨慎地使用它。否则，我们可能因为不尊重它的文化权威，以及滥用它可能造成的伤害而受到惩罚。要让我们成为不适应社会关系的人，最有效的方式莫过于习惯性地滥用述行语言——撒谎的人，食言的人，背叛信任的人，逃避伤害和损失之责任的人，虚伪或随意地表白爱的人。在这个意义上，语言不仅仅是说话，我们在使用语言的时候也不仅仅是说话的人。在说话的时候，我们创造和改造了世界、自己和彼此。

人们为什么不投票？

我写到这里的时候，距离选举日[1]只有几天。当我认真考虑周二的计划时，有人提醒我，如果参考过去的经验，数千万的合格选民可能不会和我一样行使他们的宪法权利。"人

---

[1] 指美国的选举日，通常是十一月第一个周一后的周二。——译者注

们为什么不投票"是一个令人困惑的问题,尤其是考虑到全世界有几十亿人根本没有投票权;更加令人困惑的是,美国人比加拿大、日本、澳大利亚、韩国以及大多数欧洲国家的人更有可能不去投票。[1]这是怎么回事?

如果从社会学的角度考察这个问题,我们必须从下面这个原则着手:投票和不投票是参与政治系统的两种方式。由此我们必须追问:政治系统是如何组织起来的,以致不投票成为数百万人的最小阻力路径?一个崇尚民主原则的政治系统,真的能阻碍人们投票吗?

是的,它能,而且它的确如此。

首先,美国人很难登记成为选民。例如,加拿大人是自动登记的,但在美国,你必须提前申请成为选民。最近的法律允许人们在申请驾照的同时登记成为选民,但投票权仍然不是公民身份自带的。由于登记的选民有较高的投票率,所以我们有理由认为,登记越容易,参与的人数就越多。

这种对简化登记程序的不情愿,反映了美国长期以来对下层阶级、新移民等群体的文化偏见,认为他们可能利用政治权力打破现状,妨碍主导群体享受特权。在美国独立革命(独立革命发起了伟大的美国"民主实验")之后的几年里,只有拥有财产的白人男性被允许投票。对投票的偏见持续至今:许多州已经颁布或提出了法案,要求人们在投票时出示政府颁发的带照片的身份证——老年人和穷人很难满足这一要求。[2]

---

[1] Howard Steven Friedman, *The Measure of a Nation: How to Regain America's Competitive Edge and Boost Our Global Standing*, Prometheus Books, 2012。

[2] Nate Silver, "Measuring the Effects of Voter Identification Laws", *New York Times*, 2012年6月15日。

如果深入研究政治系统的结构，我们会发现，它的构成方式使人们的投票不可能产生任何影响，从而阻碍了人们登记或投票。美国选举的组织方式是赢者通吃，这意味着想要在政府中有代表，你必须有一个能在一个地区赢得多数选票的候选人。因此，少数群体的观点不可能在州立法机构或联邦立法机构中被代表，除非少数群体的选民能够在整个地区形成多数，而这几乎是不可能做到的。这种情况以戏剧性的方式出现于1996年，第三党派候选人罗斯·佩罗被排除在总统竞选辩论之外，理由是他没有"合理的"机会赢得全国多数投票。

相比之下，大多数欧洲议会根据每个政党获得的选票百分比来分配席位。如果你的政党获得了5%的选票，那么你的政党就拥有5%的席位。但在美国，一个获得了49.99%选票的政党，仍然有可能无法拥有**任何**席位。这意味着，如果你支持的候选人和政党不能赢得你所在地区的多数选票，那么你很容易得出结论，你的投票将没有任何意义。也许你可以通过履行公民义务来获得一些道德上的满足，或者通过投票选择"以上皆非"或选择不可能获胜的、和你观点相同的候选人来表达抗议。但你的投票并不意味着你的观点在政府中被代表。类似地，如果你支持的候选人获得了大多数人的支持，你的一张选票不会影响你的观点被代表的整体水平。然而，当欧洲选民去投票的时候，他们知道自己投的每一张票都会产生真正的叠加效应，从而在政府中增加一位该政党的代表。

许多人不投票的另一个原因是，美国的政治系统已经围绕着两个政党组织起来了。共和党与民主党在一些问题上存在分歧，比如堕胎权、同性婚姻和枪支管制，但总体上它们都支持资本主义、财富、财产，以及使用军事力量捍卫和促进国家利益。它们都依赖于企业和捐赠者的竞选捐献，这些人希望政治家为他们的利益服务。它们也都不愿意帮助那些依靠福利生活的穷人，都倾向于把移民、下层阶级、未成年母亲和有色人种当成社会问题的替罪羊，都拒绝严肃地对待种族主义、性别主义以及其他形式的特权和压迫。

如果你来自一个利益不被主要政党支持的群体，那么你会很容易看到政治系统中装满了不属于你的利益。从这个角度看，哪个政党执政并不重要。你是否投票也不重要，因为无论如何，结果是一样的。例如在1996年，联邦政府大幅削减了福利补助，违背了长期以来照顾最贫困公民（包括贫困儿童）的承诺。该法案由共和党控制的国会通过，由民主党的总统签署。

20世纪90年代以来，共和党人与民主党人都加入了哈佛大学经济学家约翰·肯尼思·加尔布雷思所描述的"满足者对不幸者的反抗"。[1] 对现状很满意的大多数选民控制着美国的政治系统：

> 它在"民主"的幌子之下运行，但这种民主并不是所有公民的民主，而是那些为了维护自身的社会利益和经济利益而实际去投票的人的民主。其结果是，政府不去适应现实或共同需要，而是适应满足者的信念，也就是大多数实际去投票的选民的信念。[2]

---

[1] John Kenneth Galbraith, "Why the Welfare State Is Here to Stay", 由 Nathan Gardells 采访, *National Times*, 1996年6月30日。

[2] 同上。

那么，如果你属于中产阶级或上层阶级，有一份好工作，或者你是白人，那么你更有可能去投票，这应该不足为奇。

不公正划分选区是选民投票率低的一个生态因素，这种做法在国会议员选举中尤为强大。各州被划分为国会选区，每隔十年，州议会根据最近一次人口普查的人口数量重新划分选区。无论哪个政党执政，它的目标都是以某种方式划定选区界限，使支持对方政党的选民集中在尽可能少的选区，从而最大限度地减少他们能选出的代表人数；与此同时，最大限度地增加大多数选民支持现任政党的选区数量。[1]

这种做法的一个结果是，选民会发现，在自己所在的选区，他们支持的执政党拥有非常多的支持者，以至于无论他们是否投票，他们的候选人都必然会获胜。这意味着每一张选票都失去了它的重要性。结果几乎是确定的，所以选民不愿意费心去投票。

人们已经习惯于用冷漠等心理状态解释投票率低的原因。然而，从社会学的角度看，这忽略了一个根本的事实：即便这对于大量的潜在选民来说是正确的，但人们的感受也源自他们对社会系统的参与。当一个政治系统的组织方式使远离投票站成为数百万人的理性选择，下面这种说法多少有些空洞：公民不投票是因为他们不在乎，仿佛"不在乎"是一种与人们生活其中的社会系统无关的心理状态。值得注意的是，在巴拉克·奥巴马当选的2008年总统竞选中，有色人种的投票率达到了创纪录的水平，这是基于这样的一种认知：这是几代

---

1 参见 Erik J. Engstrom, *Partisan Gerrymandering and the Construction of American Democracy*, University of Michigan Press, 2013。

人以来,第一次真正有可能选出对他们的生活产生积极影响的总统,而他们的选票可能对于实现这一目标产生积极作用。

贫困为什么会存在?把"社会"放回社会问题中

随着贫穷、毒品、暴力、特权和压迫等主要社会问题的发展,解决这些问题的努力似乎总是行不通。政府项目来来去去,政党在俗套的答案之间摇摆,其唯一的作用似乎是影响谁会当选。有时候问题甚至变得更糟,人们会更加绝望和沮丧;或者,如果这些问题对他们个人没有影响,那他们就根本没有什么感觉。

我们被困在这样的社会中,而且已经被困了很久。其中一个原因是,这些社会问题庞大且复杂。但在更深层次上,我们在思考它们的时候,倾向于忽略它们的复杂性。社会学实践的一个基本原则是,要解决一个社会问题,我们必须首先将其视为社会问题[1],否则我们就会提出错误的问题,并在错误的方向上寻找变革的愿景。

以贫困为例,它可以说是造成长期痛苦的最广泛和最长久的原因。美国的贫困规模尤其具有讽刺性,因为这个国家的巨大财富使整个大陆相形见绌。在美国,几乎有五分之一的人生活在贫困或接近贫困之中。儿童的贫困率甚至更高。[2]

---

[1] 关于此原则的经典论述,参见 Robert K. Merton, "The Sociology of Social Problems", Robert K. Merton、Robert Nisbet 编, *Contemporary Social Problems*(第四版), Harcourt Brace Jovanovich, 1976, 第 5—43 页。

[2] U.S. Census Bureau, *Statistical Abstract of the United States: 2012*, U.S. Government Printing Office, 2012。

即使是中产阶级也有理由对陷入贫困或接近贫困的可能性感到焦虑，比如离婚，或者被解雇——因为公司为了提高竞争优势、利润率和股价，试图用机器取代工人，或者将工作转移到海外。

在如此富足的生活中，为什么还会有如此多的痛苦和不安？如果从社会学的角度看待这个问题，我们首先应该注意到，贫困并不是单独存在的。它是整个社会的收入和财富总体分配的一端。因此，贫困既是系统的一个结构性方面，也是系统组织方式的持续后果，同时也是决定人们如何参与系统的最小阻力路径的持续后果。

工业资本主义是我们用于生产和分配财富的经济系统。它的组织方式允许少数精英控制大部分用于创造财富的资本——工厂、机器和工具。它鼓励精英积累财富和收入，并通常把在这方面做得最成功的人奉为英雄。因此，总体收入和财富中只有相对较少的一部分可以分配给其他人口。大多数人都在争夺精英留给他们的东西，因此不可避免地会有相当数量的人最终失败，生活在贫困或对贫困的恐惧中。这就像"抢椅子"游戏：游戏设置的椅子比人少，所以当音乐停止的时候，有些人**不得不失去座位**。

因此，在某种程度上，贫困之所以存在，是因为经济系统的组织方式一方面鼓励人们积累财富，另一方面创造了必然会导致贫困的稀缺性条件。但资本主义系统也以其他方式产生了贫困。

例如，在追求利润的过程中，资本主义非常重视竞争和效率。这促使企业和管理者尽可能地降低工资、用机器代替人类、用兼职工人代替全职工人，从而控制成本。因此，最小阻力路径是将工作岗位转移到这样的地区和国家：劳动力更便宜、工人不太可能抱怨工作条件、防止环境污染或工人受伤的法律比较薄弱或缺乏效力。资本主义也鼓励工厂主关闭工厂，把资金投入到其他回报率更高的企业。

对于资本主义系统的运行，这类决策是正常的结果，是管理者和投资者为了获得回报而遵循的最小阻力路径。但这些决策也对数千万人及其家庭，以及整个社区产生了可怕的后果。即使有一份全职工作也不能保证过上体面的生活，因此许多家庭依靠两个或两个以上的成年人的收入维持收支平衡。这种现实之所以成为可能，是因为资本主义的结构特征：大多数人既不拥有也不控制任何生产资料，只能为别人工作换取工资。

除此之外，还有其他的社会因素。例如，高离婚率导致了大量的单亲家庭，这些家庭很难依靠一个成年人照顾孩子和维持生活。几个世纪以来，美国的种族主义和白人特权继续困扰着数以百万计的人，他们受教育程度低，被隔离在城市贫民区，遭受了偏见和歧视，而那些不需要多少正规教育，但能够支付体面工资的工业工作已经消失。正是这些工作让几代欧洲白人移民摆脱了贫困，但现在大量的城市贫民却无法获得这种工作。[1]

显然，基于目前的生产和分配财富的经济系统，普遍贫困的模式是不可避免的。如果我们有兴趣解决贫困问题，如果我们想要一个基本上没有贫困公民的社会，那么我们必须

---

[1] 参见 William Julius Wilson, *When Work Disappears: The World of the New Urban Poor*, Knopf, 1996。

做一些事情，不仅涉及人们参与的系统，也涉及人们如何参与系统。但是，关于贫困和应对贫困之政策的公开辩论，几乎完全集中在人们如何参与系统，而几乎不涉及人们参与的系统。通常认为的应对贫困的"自由主义"方法和"保守主义"方法，实际上是个人主义这一狭隘主题的两种变体。

保守主义方法的一个经典例子是查尔斯·默里的著作《失去的基础》[1]。默里把世界看成旋转木马。其目标是确保"每个人都有大致平等的机会抓住黄铜圈[2]——或者至少有大致平等的机会登上旋转木马"。[3] 他回顾了三十年来的联邦反贫困项目，发现这些项目普遍都失败了。他由此得出结论，既然政府的方案没有奏效，那么贫困的原因一定不是社会因素。

相反，默里认为，贫困的原因是缺乏个人主动性和努力。人之所以贫穷，是因为他们缺少某样东西，所以唯一有效的补救方法是改变他们。由此，他建议取消公共的解决方案，比如平权行动、福利以及收入支持系统，包括"AFDC（儿童负担家庭救济计划）、医疗补助、食品券、失业保险等。取消这些项目将使劳动年龄人口无法依赖于任何东西，除了就业市场、家庭成员、朋友和公共或私人的当地资助服务"[4]。他认为,结果将是"使一个人有可能充分发挥自己的能力"[5]。随

---

1 Charles Murray, *Losing Ground*, Basic Books, 1984。
2 从19世纪末开始，美国的一些旋转木马的平台上会挂着一些铜圈，由于木马是上下起伏的，有些人在木马升至高点时正好能够摘下铜圈。摘下铜圈的人可以免费再玩一次。时至今日，"brass ring"（黄铜圈）一词比喻实现目标或赢得大奖的机会。——译者注
3 Charles Murray, *Losing Ground*, 第221页。
4 同上，第227—228页。
5 同上，第233页。

着1996年的福利改革法案的出台，美国朝着默里的方向迈出了一大步，重申了自己长期以来对个人主义思想的文化承诺，以及对其替代方案的许多困惑。

这里的困惑在于我们如何思考个人和社会，如何思考作为个人状况的贫困和作为社会问题的贫困。一方面，我们可以追问，个人如何被划分到不同的社会阶级，哪些特征最能预测谁可以获得最好的工作，以及谁可以赚得最多。如果你想出人头地，最好的策略是什么？根据许多人的经验，答案似乎非常清楚：努力工作，接受教育，永不放弃。

这个建议当然很有道理，它涉及人们选择如何参与现有的系统。但从社会学的角度看，它只关注了整体的一部分，而忽略了系统本身。换句话说，它忽略了一个事实：社会生活取决于系统的本质**和**人们的参与，取决于森林**和**树木。改变个人的参与方式会影响一些人的结果。但很奇怪的是，这种改变几乎不涉及一个更大的问题，即作为社会现象的贫困为什么会普遍存在。

想象一下，收入的分配以赛跑的结果为根据：美国每年的所有收入都放在一个巨大的奖池中，我们举行一场比赛来决定谁能得到多少。最快的五分之一可以分配到50%的收入，第二快的五分之一可以分配到23%，第三快的五分之一可以分配到15%，第四快的五分之一可以分配到9%，最慢的五分之一可以分配到3%。结果将是不平等的收入分配，最快的五分之一中的每个人得到的钱是最慢的五分之一的16.7倍——这就是美国实际的收入分配情况。[1]

1　U.S. Census Bureau, *Statistical Abstract of the United States, 2012*,（转下页）

如果我们考察人口中最慢的五分之一，问他们为什么贫穷，一个显而易见的答案是，他们比其他人跑得慢；如果他们跑得更快，就能得到更多的钱。这促使我们追问，为什么有些人跑得更快，我们会考虑各种各样的答案：遗传、营养、动机、有时间锻炼，以及能负担得起私人教练。

但是，无论人们跑得多快，**必须有一些**属于那五分之一的人口处于贫困状态；要了解为什么，我们只需要考察系统本身。社会系统利用不受约束的竞争，不仅决定了谁可以得到名车豪宅，还决定了谁有饭吃、有地方住、能获得医疗保健。它分配收入和财富的方式促使那些拥有最多财富的人越来越集中。考虑到这样一点，今年排名倒数五分之一的一些人，明年可能会跑得更快，从而让其他人替代他们处在底层的五分之一的位置。但只要这个系统以这种方式组织起来，就**一定存在底层的五分之一**。

一些人认为，另一种解决方案是增加收入的总量，创造一个"更大的蛋糕"，从而帮助人们摆脱贫困。然而，资本主义的历史已经令人痛苦地表明，使上层阶级每年获得大部分国民收入的经济系统，也会使他们吸纳收入池的任何增长。例如，2009 至 2012 年间，随着经济从 2008 年的灾难中复苏，收入最高的 1% 的人口获得了国民收入增长总额的 **95%**。[1]

学会跑得更快，可以让你或者我摆脱贫困，但它不会消除贫困本身。要做到这一点，我们必须改变系统以及人们在

（接上页）U.S. Government Printing Office，2012，表 694。

1　Emmanuel Saez，"Striking It Richer: The Evolution of Top Incomes in the United States"，Stanford Center for the Study of Poverty and Inequality，*Pathways Magazine*，2008 年冬，第 6—7 页。

系统中的参与。沿用赛跑的比喻，例如，"奖金"的分配份额不是 50%、23%、15%、9% 和 3%，而是 24%、22%、20%、18% 和 16%。不平等仍然存在，但最快的五分之一的收入不再是最慢的五分之一的 16.7 倍，而是 1.5 倍；也不再是中间五分之一的 3.3 倍，而是 1.2 倍。

我们可以讨论长期的普遍贫困是否在道德上可以接受，或者何种程度的不平等是可以接受的。但是，如果我们想了解贫困的来源，以及何种特征使它在社会生活中如此顽固，我们必须从这样的一个社会学事实入手：不平等的模式既源于个人参与，也源于社会系统的组织方式。只关注其中一个而忽略另一个，是无法解决问题的。

然而，在我们的文化中，对个人的关注根深蒂固，以至于那些自认为考虑了社会因素的人通常并没有真的这么做。默里本人和他的批评者都是如此。也许默里最大的错误是误解了联邦反贫困项目的失败。他假设联邦项目针对的是贫困的社会原因，如果项目不起作用，这意味着社会原因一定不是问题所在。

但默里错了。福利等反贫困项目之所以是"社会的"，仅仅是因为它的组织围绕着这样一种观念：社会系统（比如政府）有责任为贫困做点什么。但反贫困项目本身的组织并**没有**围绕着关于"系统究竟如何**产生**贫困"的社会学理解。它们几乎完全专注于改变个人，而非改变系统，并利用政府和其他系统的资源实现这一目标。

即使反贫困项目失败了，也不足以推翻"贫困是社会造成的"这一观点。它们之所以失败，是因为政策制定者不理解"社会"究竟是怎么来的。或者他们理解这一点，但囿于个人主义思想，他们没有采取行动，针对适当的系统（比如经济）进行重大变革。

要了解这一点，最简单的方法就是考察反贫困项目本身。反贫困项目主要有两种。第一种认为，经济成功仅仅是个人素质和个人行为的问题，因此个人是贫困的原因。换句话说，如果你跑得更快，你就能超过目前比你快的人，然后他们——而不是你——就会变成穷人。我们可以通过训练和激励让人们跑得更快。然而，我们不会去审视比赛规则，也不会质疑生活必需品是否应该通过竞争来分配。

结果是，一些人通过提高竞争优势摆脱了贫困，另一些人则在失去优势时陷入了贫困：他们被解雇，或者他们的公司搬迁到另一个国家，或在一次兼并中被吸收——兼并抬高了股东所持股票的股价，使CEO在2012年获得的平均薪资是工人的平均薪资的273倍。[1] 经济系统允许少数精英拥有和控制大部分财富，并让其余人口争夺剩余的财富，但这一点很少有人提及，更不必说为此做些什么。

这就是为什么2011年爆发的占领华尔街运动引起了如此大的轰动：它不仅批评了资本主义，还批评了企业和富人对联邦政府和州政府的权力和影响。尽管有这样的开端，但到目前为止，它未能发展成一个更大的运动，部分原因是它缺乏全面的社会学分析作为指导。

与此同时，个人在阶级系统中起起落落，那些上升者的

---

[1] Lydia DePillis, "Congrats CEOs! You're Making 273 Times the Pay of the Average Worker", *Washington Post*, 2013年6月26日，链接：www.washingtonpost.com/blogs/wonkblog/wp/2013/06/26/congrats-ceos-youre-making-273-times-the-pay-of-the-average-worker/。

故事被视作可能的证据,而那些下降者的故事被当成警示的寓言。系统本身——包括富人和其他人之间的巨大差距,以及生活在贫困中的人口比例——保持不变。

第二种反贫困项目似乎认为,个人不应该为自己的贫困处境受到指责:它提供了帮助人们满足日常需求的各种援助。例如,福利金、食品券、住房补贴和医疗补助计划缓和了贫困的影响,但它们几乎不会改变贫困人口的持续存在。这种方法并没有错,因为它可以减轻痛苦。但我们不应该把它视为解决贫困的一种方法,就像陆军野战医院不可能阻止战争。

关于作为社会问题的贫困,福利和其他类似的项目就像医生不停地给病人输血,却没有缝合他们的伤口。实际上,默里告诉我们,联邦政府的项目只不过是徒劳地浪费血。在某种意义上,他是对的,但他给出的理由并不正确。默里只是用一种无效的个人主义解决方案替代另一种无效的个人主义解决方案。如果按照他的建议,让人们自生自灭,肯定会有一些人能找到跑得更快的方法。但那不会影响"赛跑",也不会影响不平等的整体模式,这些模式产生自人们用"赛跑"组织人类生活中最重要的一个方面。[1]

对于只是部分与个人有关的问题,自由主义者和保守主义者陷入了两种个人主义解决方案的拉锯战。这两种方法都基于他们深刻地误解了贫困等社会问题的原因。他们都没有意识到,在社会系统和人们的参与这两者的动态关系中,社

---

[1] 国际的比较说明了美国方案的替代方案,参见 David Brady, *Rich Democracies, Poor People: How Politics Explain Poverty*, Oxford, 2009。

会生活实际上是如何运作的。这种误解也使他们非常犹豫：是把贫困等问题归咎于个人，还是归咎于社会。解决社会问题并不要求我们选择或指责其中一方。但它确实要求我们看到，这两者是如何共同塑造社会生活，以及人们实际上是如何生活的。

社会问题不仅仅是个人问题的累加，**所以社会解决方案也不能是个人解决方案的累加**。我们必须考虑经济、政治等系统究竟是如何起作用的，并将其纳入社会解决方案中。我们还必须找出年复一年地产生相同模式和问题的最小阻力路径。这意味着资本主义不能继续占据近乎神圣的、可以免受批评的地位。这也许意味着，资本主义在某些方面与这样一个公平社会是矛盾的：一些人的过度幸福并不需要那么多其他人的痛苦。面对这种可能性并不容易，但如果我们不这么做，贫困仍将继续，随之而来的冲突和痛苦也不会停息。

使男性暴力隐形

我们在第一章讨论自杀的时候已经看到，由于性别、年龄、种族等特征的不同，人们的行为和体验会有很大的差异。这引出了人们和他们所参与的系统之间的关系。无论是比较女性和男性，还是比较日本人和匈牙利人，我们关注的重点都是那些看得见的模式——这些模式提醒我们，正在发生一些有关社会的事情。

"看得见"这个词引出了一个本身很重要的模式：有些模式比其他模式更容易被注意到。例如，公众非常关注少女怀孕的模式如何因种族、教育和社会阶级而异。但很少有人提到同样重要，甚至更加重要的模式：年轻的成年男性使少女怀孕的模式。由于受精是怀孕的必要原因，你可能认为这种模式吸引了很多关注，但事实并非如此。少女的行为被详细地审视，男性的行为被轻易地放过。

男性的不当行为在公众中隐形了，这一点甚至更加适用于全球的暴力泛滥：从殴打、强奸、自杀和谋杀，到大规模谋杀、恐怖主义和战争。绝大多数的暴力是由男性实施的，对于单一的社会身份如何解释这么多的暴力行为，人们应该会表现出极大的兴趣，但事实正好相反："男性暴力"这个词很少出现在公共话语中，即使这是人们关注的焦点。

例如，2012年，美国发生了两起大规模谋杀，一起发生在科罗拉多州奥罗拉市的一家电影院，另一起发生在康涅狄格州纽敦市的一所小学。在随后的新闻报道中，记者问专家为什么会发生这样的事情，尤其是有什么共同点可以解释枪手的行为。在这两个案例中，答案是一样的：凶手有不同的**心理**特征，因此不符合可能提供解释的任何模式。在一则新闻报道中，两名凶手和其他几名枪手的照片被排成一排——都是白人男性——但专家仍然表示，他们之间没有任何共同点。甚至当新闻主播指出所有人都是男性的时候，专家的反应仍然是忽略这个问题。从政治家到报纸专栏，这种"忽略"性别模式的看得见的模式经常重复。

那么，这就是社会学的难题：为什么人们经常对男性暴力保持沉默？为什么对这种清晰明确的模式视而不见是"常态"？

在最基本的层面上，沉默是因为使用了个人主义的世界模型，该模型对"男性暴力"的解释基于一种假设：除了个人之外，不存在任何东西。因此，如果要问"大多数暴力由男性实施"意味着什么，似乎不仅将暴力与实施暴力的男性个体联系起来，还将暴力与**身为**男性这个简单事实联系起来。由于"男性"这个词指的是合在一起的所有男性个体，那么任何关于"男性暴力"的问题必然会被视为一种指控：所有男性都是暴力的。许多人会反对说，大多数男性不是暴力的；这当然是对的，但这种反应会使谈话戛然而止，或者更常见的是，从一开始就阻止了谈话。于是就出现了沉默。

然而，如果从社会学的角度看，"男性暴力"的意义大不相同。现在，"男性"不仅仅是指男性个体的总和。通过在社会系统中命名一个社会类别，"男性"这个词具有更大的意义：它是一种把人们定位在社会背景中的位置，而社会背景塑造了人们的经验和行为。现在，"男性暴力"的问题也有了更大的意义：绝大多数的施暴者占据相同的社会身份，这一点是否重要？在这种情况下，与社会身份相关的最小阻力路径能否解释这种模式？我们确实需要追问这些关于"男性暴力"的问题，但我们从来没有走到这一步，因为个人主义模式把我们带入了防卫性辩论的死胡同，即所有男性是否是暴力的，是好人还是坏人？

一种类别的人是否隐形，取决于他们在社会系统中的位置。在特权系统中，从属群体的成员所做的损害群体形象的事情很可能会被注意到，并被描绘成整个群体的特征，因为它支持了一种观点：该群体低人一等，应该居于从属地位。相反，他们所做的改善群体形象的事情往往被忽视，或者被认为只是反映了特殊的个人（例如，巴拉克·奥巴马总统的当选以及他在选民中受到的欢迎，**增加**而不是减少了白人对黑人的普遍偏见）。[1] 主导群体的模式正好相反：男性暴力被认为只与施暴的男性个体有关。人们不认为男性暴力产生于男性特权的系统——在这个系统中，暴力是男性的最小阻力路径，他们不仅自己这么做，而且会支持其他的男性这么做。结果是，具有暴力倾向的男性被认为与同类没有共同点，也与整个男性群体没有共同点。

这种双重标准的部分原因是，主导群体拥有很大的权力。从经济和政府到高等教育和大众传媒，男性控制着几乎每一个主要的社会机构，进而控制着工作、资源和信息流，包括记者会追查和报道哪些问题、政治家会讨论哪些问题、社会科学家会研究哪些问题。

围绕着男性暴力的沉默保护罩，已经深入到男性特权系统的结构基础和文化基础中。例如，女性和男性之间有着亲密和依赖的关系，特别是在家庭中。这一点之所以可能，是因为我们相信，我们生活中的男性——父亲、儿子、兄弟、丈夫、朋友、恋人——都是"好"男人，在他们身边我们很安全。因为性别参与定义了如此多的重要关系，因为亲密关系需要一定程度的信任——这使我们容易受到他人的伤害——所以我们非常愿意相信暴力与性别**无关**，性别既**不是**暴力的原因，也**不会**决定谁是犯罪者或受害者。

因此，确认"男性暴力"既是一种真实存在的现象，也是日常新闻报道中接连不断、通常惊心动魄的暴力泛滥的基础，这是非常重要的。如果这个特定的男人——这个母亲的

---

[1] Associated Press, "U.S. Majority Have Prejudice against Blacks", *USA Today*, 2012 年 10 月 27 日。

儿子,这个女人的丈夫,这个孩子的父亲,大家都认识的善良、体面的男人——能做出这样的事情,我们凭什么相信我们认识的其他男人不会呢?

沉默的背后隐藏着一个更大、更深的层面,它超越了我们对生活中的男性个体的关注。在父权制世界观[1]中,男性气质不仅被定义为男人和男孩的理想,而且是适用于每个人的普遍标准,是对成为优秀人类意味着什么的最纯粹的表达。父权制男性气质是伟大的前提,是获得任何重要位置——这些位置在文化上可以获得荣誉、钦佩和尊重——的决定性气质。例如,任何渴望成为总统、消防员、士兵、公司 CEO 或其他类型英雄的女性,都会被衡量是否符合父权制男性气质的标准;然而,人们不会根据男人是否符合"女性气质"的期望来评判他的能力。[2]

男性气质的父权制理想也适用于我们的社会本身,适用于美国的理念以及作为美国人的意义。每一个社会都有一种文化神话,它是形象和故事、民间传说和歌谣、文献和历史课、电影和国歌、纪念碑、旗帜、演讲、庆典,是所有这些东西的生动集合,我们依靠它们说明我们是谁、我们的国家是什么。理查德·斯洛特金对美国神话之起源和演变的描述揭示了延续几百年的国家故事,这些故事的中心是男性及男性的统治和控制能力。[3] 控制的对象包括地球及其非人类物种,印

---

[1] 世界观是相互关联的信念、价值观、态度、形象、故事和记忆的集合,并在社会系统和参与其中的个人的思想中建构并维系了一种现实感。它包含了一切,从引力会将我们向下拉的假设到对上帝的信仰。

[2] 参见 Jackson Katz, *Leading Men: Presidential Campaigns and the Politics of Manhood*, Interlink, 2012。

[3] Richard Slotkin, *Regeneration through Violence: The Mythology of the* (转下页)

第安人、墨西哥人等在美国的扩张中拒绝放弃自己领土的人,被奴役的非洲人和其他的有色人种(他们的受剥削的劳动对于美国的财富和权力是不可或缺的),南方的分裂和叛乱,白人工人和移民,在美西战争[1]后拒绝让自己的国家成为美国殖民地的菲律宾人,以及一长串被认为对美国利益构成威胁的国家和组织。[2]

从《最后的莫希干人》和"卡斯特的最后顽抗"[3],到二战的"最伟大的一代"和美国海豹突击队突袭乌萨马·本·拉丹的避难所,美国故事的焦点都是男性,而且是一种有关国家力量、自豪、优越感、例外论、统治世界和随心而为的自由和力量的男性化观点。所有这一切的最终后盾都是暴力的能力和使用暴力的意愿。

例如,两次当选总统的西奥多·罗斯福一再表示,衡量美国国力的最重要的标准就是它的**男子气概**(*virility*),成为真正的美国人就是要**具有**男子气概,而表达男子气概的最高

(接上页)*American Frontier, 1600–1860*,University of Oklahoma Press,2000;Richard Slotkin,*The Fatal Environment: The Myth of the Frontier in the Age of Industrialization, 1800–1890*,University of Oklahoma Press,1998;Richard Slotkin,*Gunfighter Nation: Myth of the American Frontier in Twentieth-Century America*,University of Oklahoma Press,1998。

1 美西战争(Spanish-American War),1898年美国为夺取西班牙属地古巴、波多黎各和菲律宾发动的战争。战争发生在加勒比海和太平洋,战争的结果包括西班牙失去在太平洋的制海权,菲律宾成为美国的殖民地。——译者注

2 参见 Stephen Kinzer,*Overthrow: America's Century of Regime Change from Hawaii to Iraq*,Times Books,2007。

3 《*最后的莫希干人*》(*The Last of the Mohicans*)是一部小说,故事发生在英法两国争夺美洲殖民地的战争中,时间是1757年。"卡斯特的最后顽抗"(Custer's Last Stand),指小比格霍恩战役,1876年美国政府军与印第安人在小比格霍恩河畔发生的战争。——译者注

级或最强大的方式，就是一个国家将自己的意志强加给别国的能力，尤其是通过使用暴力。[1] 罗斯福之后的总统措辞可能更加委婉，语言可能更加含蓄，但神话始终如一：没有什么情绪比得上战败给美国带来的全国性的焦虑和愤怒，也没有什么情绪比得上胜利带来的兴奋。最让人怀疑总统领导能力的事情，莫过于总司令不情愿使用武力。[2]

当然，美国人对这个故事的看法并不一致。总是有直言不讳的异议，偶尔甚至有激烈的反对。但是，作为表现美国意志的手段与民族性格和伟大的标志，暴力倾向的男性气质几乎从一开始就处于主导地位。除了越南战争，公众的抗议和反战并不是因为他们相信使用暴力是错误或过度的，而是因为战争没有**成功**，没能及时取胜。在最近的伊拉克战争和阿富汗战争中，公众支持之所以减弱，只是因为人们开始认为，战争持续的时间太长，不值得付出金钱的代价，也不值得损失那么多美国人的性命。[3] 然而，美国入侵这些国家给当地居民造成的痛苦和死亡，并没有引起全国性的反对和歉意，更没有羞愧。

当然，男性气质和暴力能力并不是美国文化神话的全部，但如果没有它们以及它们持续产生的后果，这个故事就会变得面目全非。这就是为什么是否公开承认男性暴力蕴含很大

---

[1] 参见 Richard Slotkin, *Gunfighter Nation*。
[2] 美军的总司令和美国的总统是同一个人。——译者注
[3] 例如，参见 Karen DeYoung and Scott Clement, "Americans Say Afghan War Not Worth Fighting", *Washington Post*, 2013 年 7 月 26 日；Pew Research Center, "Veterans of Post-9/11 Wars Ambivalent about Whether Iraq Was Worth It", 2013 年 3 月 19 日，链接：www.pewresearch.org/daily-number/veterans-of-post-911-wars-ambivalent-about-whether-iraq-was-worth-it/。

的风险，因为这样做是在冒险对抗处于父权制世界观核心的统治和控制原则，而父权制世界观反过来又影响和塑造了个人生活和我们的整个社会。为了避免这种情况，我们把注意力放在少数邪恶或疯狂的个体的行动上，而不是质疑父权制及其核心原则，这种核心原则是美国男性气质及其与暴力的联系的基础。

从爱到贫困，从投票到暴力，社会生活的现实包含了经常被忽略的多个层次和维度。社会学实践的力量在于其独特的世界观，从中我们可以把这些层次和维度联系起来，对社会系统和我们在其中的生活提供一种连贯的理解。

第七章

作为世界观的社会学：白人特权从哪里来

和大多数学生一样，最开始学习社会学的时候，我认为我正在获得一种知识体系——事实和概念，以及如何利用智力工具和实践工具，通过创造性地研究和思考人的境况，创造出新的知识。直到很久以后我才意识到，我也在改变我的世界观。在很大程度上，世界观是信念和价值观的无意识的集合，我们以此为基础建构了我们认为的现实。

例如，我们总是参与比自身更大的东西——我们可以观察、描述和理解的社会系统——这种观念并不是我从小就接受的，也不是我在观察世界时看到的。大多数人，无论是美国总统还是我的普通朋友，似乎都生活在一种个人主义世界观中，该世界观与本书描述的世界观完全不同。因此，当我们观察世界时，我们倾向于提出非常不同的问题，因为我们确实正在以非常不同的方式体验事物的现实。

例如，一则关于美国贫困的新闻说，尽管在 2008 年经济崩溃之后有所谓的"复苏",但贫困人口的比例仍然很高,而且六年多来一直没有变化。个人主义世界观促使记者提出这样的问题:我们如何通过改善贫困人口的个人状况(比如福利金、医疗补助计划、食品券和失业保险)或人群特征(比如教育、职业培训和态度调整)来改善他们的生活?相比之下,我**还**想知道如何改变社会系统,使各种各样的人都参与进来,从而大大减少整个国家出现贫困的可能性。不同的现实,不同的问题,不同的答案,会产生很大的差异。

就最基本的思想和原则而言,我在本书中描述的社会学世界观并不是一件复杂的事情。这也是我最喜欢它的一点,它的力量足以塑造我们如何感知和解释现实,以及我们如何对未知的事物提问。但我相信,社会学世界观之所以强大,也是因为它会**起作用**,因为它建立在现实的基础之上,而个人主义思想不是这样的。

我从社会学实践中学到的最重要的一件事情是,系统与参与系统的人之间的关系完全是**动态的**。人们遵循最小阻力路径而产生的社会生活模式是可以预测的,但我们永远无法确切地知道下一刻会发生什么。结果是,没有什么是一成不变的,无论它们看起来多么相似。系统永远在被创造和再创造——在其文化、结构模式、生态安排、人口动态等方面。而且,重要的是,**我们**总是作为社会存在被创造与再创造,在参与某个系统的时候与其他人互动。

社会学世界观之所以强大,还因为它适用于各个层面,从简单对话到全球政治。图4的下半部分显示了我们在第一章中看到的系统和人之间的关系。但我们现在可以更深入地讨论社会系统的本质,以及社会生活实际上是如何发生的。

模型的上半部分显示了,每个系统都有不同的特征,以及这些特征是如何相互关联的。也就是说,结构的变化可能引起文化的变化或人口动态和人类生态的变化,而文化的变化也可能导致另外两者的变化。

理解社会生活非常重要,唯一的原因是它会产生重要的后果,这也是最初吸引我研究社会学的理由。这些后果包括我们参与社会系统时发生的**一切**,无论其多么渺小和微不足道,或多么宏大和意义深远:从上公交车的时候两个人意外碰到彼此("对不起""没关系"),到婚姻的法律定义、社会阶级之间的冲突、全球变暖、战争和地球的命运。有些后果是社会系统之外的,比如全球变暖导致许多物种灭绝(尽管全球变暖的**原因**与社会系统有很大的关系)。然而,其他后果都是在社会系统的背景(包括系统本身的特征)下发生的,比如文化信念、规范或者权力分配。这造成了无休止的运动和变化的循环,通过这种循环,社会生活在多个层面上发生,人们的生活也随之发生。

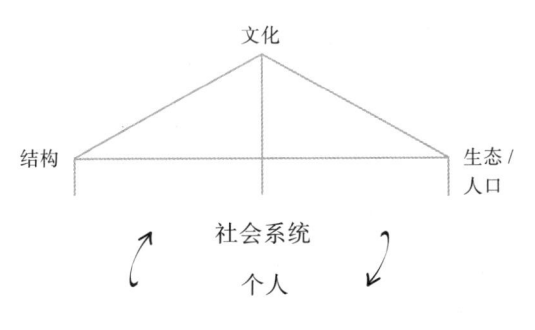

图4 社会学思考的模型

世界观本身也是变化的一部分，其中就包括社会学，它作为社会生活的产物仅仅形成于几个世纪前，并且从那时起一直在变化。和其他所有事情一样，世界观是社会生活的后果，同时它也通过塑造我们的现实感使其他一切成为可能。例如，"种族"的观念作为美国世界观的核心，在数百年间产生了深远的影响，它**源自**在一段特定历史时期参与某些社会系统的人们——这使我们处在一个有趣的位置，可以用一种世界观理解另一种世界观。

白人特权从哪里来

白人特权的历史是一个漫长而复杂的故事，它太漫长、太复杂了，我无法在这里完整地讲述，[1]但我可以找出这个故事的主要方面，以此来展示社会学模式是如何运作的。

我们从英国人征服爱尔兰及其人民的漫长历史开始。这种结构上的统治关系，加上英国人面对顽固抵抗时的挫败感，导致了一种文化信念：爱尔兰人是劣等的野蛮人，他们的社会组织方式以及他们作为人类的本质都是如此。英国人开始认为，爱尔兰人是完全独立的物种，具有在生物学上代代相传的劣等特征。

当英国人以这种方式认知爱尔兰人的时候，他们也在改变自己的世界观，创造了"种族"的概念。这个概念鼓励他们把其他民族视为次等人类，甚至非人类。英国人不把他们

---

[1] 参见 Theodore W. Allen, *The Invention of the White Race*（第二版），Verso, 2012；Audrey Smedley、Brian Smedley, *Race in North America: Origin and Evolution of a Worldview*（第四版），Westview Press, 2011。

视为同类，不把他们视为其痛苦需要被同情和抑制的人类，而是把他们视为可以通过任何必要手段加以控制的对象。根据这种世界观，对英国人来说，他们使用武力维持控制——就像他们对待土地和非人类动物一样——既是合理的，也是正确的。

当英国人在17世纪来到北美时，他们带来了一种包含种族观念的世界观，同时他们认为，他们这个民族注定要统治他们选择立足的任何土地。除此之外，作为一种经济系统的工业资本主义在18和19世纪爆炸式地增长，它的结构组织围绕着资本家控制环境和资源的能力，因为利润取决于这两者。

举个例子，在资本主义的早期阶段，市场是控制的对象，因为资本家在一个地方购买商品，然后把商品带到另一个供应稀缺的地方，从而可以卖出更高的价格。后来，资本家开始参与商品的生产，相较于市场，利润更多地取决于控制工人和自然资源的能力——为劳动力和材料支付的费用越少，资本家留给自己的就越多。

北美的生态适合大规模的农业，资本家对土地和廉价劳动力的需求远远大于供应。后来属于美国的大部分土地都是通过对印第安人的军事和政治统治获得的。这是一场包含了欺骗、违约和军事征服——包括强迫迁移（现在被称为"种族清洗"）和种族灭绝，这些做法在今天被视为"反人类罪"——的运动。[1]

---

1 参见 Smedley，*Race in North America*。亦可参见 Dee Brown，*Bury My Heart at Wounded Knee: An Indian History of the American West*（三十周年纪念版），Owl Books，2001。

大部分劳动力是欧洲的契约奴（indentured servant）、印第安人和非洲人，他们最初都没有处于永久奴役的状态。然后，资本主义制度的结构和英国人的世界观——他们认为自己是天生的优越种族——结合在一起，设置了通往那个方向的最小阻力路径。

将白人契约奴变成永久奴隶的尝试失败了，因为他们大多数人来自英国，有非常强的个人权利意识，不允许发生这种事。事实证明，奴役印第安人也同样地不切实际，因为他们很容易逃跑，消失在原住民人群中。剩下的就只有非洲黑人，他们不是当地人，身体特征在其他人群中非常醒目，所以即使设法逃脱，他们也无处藏身。只有他们被选为永久奴隶。

然而，神圣的文化信念和价值观使这一进程变得更复杂，而新生的民主制度正是建立在这些信念和价值观之上。《独立宣言》《宪法》及其《权利法案》明确地反对种族灭绝、征服、强迫迁移、奴隶制、买卖人口，以及剥夺尊严、自主和自由等基本权利的行为。

为了解决这个矛盾，美国人引用种族的概念创造了"白人"和"非白人"的文化类别。托马斯·杰斐逊曾经认为，印第安人社会和欧洲社会同样平等，前者在某些方面甚至更加优越；但越来越多的人认为，印第安人在生理上和社会上都不如欧洲人，因此注定要么融入英国人的生活方式，要么完全消失。

然而，不同于印第安人，非洲人一直处于永久奴役的状态，这种奴役延续到了他们的子女身上。正因为如此，种族的概念被推向了一个极端：白人被定义为独立的、生理上优越的物种，而黑人被定义为天生的劣等物种，没有能力学习或提升自己。这种观点又反过来证明黑人应该永远从属于白人，他们应该依赖于白人的指导和纪律。白人普遍相信自己是在帮助非洲人：他们让非洲人服役，从而把非洲人从他们认为的劣等的野蛮生活中解放出来。

需要强调的是，在英国人征服爱尔兰人和对北美非洲人进行奴役之前，种族的文化概念，包括把"白人"和"有色人种"的类别作为优等和劣等的社会标志，并不存在。[1] 我们需要注意，文化观念是如何作为一种为结构安排辩护的方式出现的，它们如何在塑造其他系统的不同方式中起作用。例如，当英国移民来到北美洲开始新生活的时候，文化观念如何使非洲人和印第安人从属化。社会系统的各种特征之间的相互作用，是理解社会生活如何发生的基础：所有事物都是相互关联的，所有事物都可能相互影响。

当然，白人之间也存在结构上的统治模式，种族的概念也在其中发挥了作用。例如，在19世纪，统治阶级的白人开展了一项运动，鼓励下层阶级和工人阶级的白人把他们自己看成白人——使"白人"的先赋身份成为他们社会认同和世界观的重要部分。这是对他们作为工人的悲惨处境的一种补偿，就像"我可能很穷，但至少我是白人"。[2]

从那以后，对于转移白人工人对资本主义现实的注意力，

---

1 关于这一转变的历史，参见 Basil Davidson, *The African Slave Trade*, Back Bay Books, 1988。
2 关于这段历史的更多信息，参见 James R. Barrett、David R. Roediger, "How White People Became White", Richard Delgado、Jean Stefancic 编, *Critical White Studies*, Temple University Press, 1997, 第402—406页; David R. Roediger, *The Wages of Whiteness: Race and the Making of the American Working Class*（修订版）, Verso, 2007。

鼓励他们关注种族而不是阶级，种族认同发挥了重要的作用。例如，在19世纪末、20世纪初劳工运动最激烈的时候，工会经常会排斥有色人种的工人。当白人工会举行罢工，要求改善工作条件时，雇主往往会引入作为工贼的有色人种[1]，希望白人工人把精力和愤怒转移到种族问题上，而不是首先关注导致他们罢工的原因。今天，在与平权行动和移民政策相关的问题上，类似的情况也在发生。

这段历史通过个人参与各种各样的社会系统发生，但需要注意的是，这些事情的发生都不是**必然的**。系统的特征为人们提供了最小阻力路径，但这些路径的本质并不能排除人们做出其他选择的可能性。

例如，作为美国世界观的一部分，"命定说"获得了压倒性的支持，人们用它为征服新领土和实行奴隶制辩护，但也有反对意见。例如，在涉及种族和奴隶制的问题时，废奴运动基于一种完全不同的世界观。亨利·戴维·梭罗这样的抗议者宁愿被关进监狱，也不愿意纳税来资助一场为了扩张美国领土而占领墨西哥土地的战争。[2] 简而言之，在涉及社会系统及其主流世界观的时候，参与社会系统的人不是机器人或

---

[1] 工贼（strikebreaker），指在罢工活动中不参与罢工、继续工作的劳工。工贼大致可以分为两种：一种是在罢工开始后公司专门雇进来的；第二种是原先已经招聘的工人，但不参与罢工，而是继续工作。本文中所说的工贼更接近前一种。——译者注

[2] 这里指的是1846至1848年的美墨战争。这场战争的结果是，美国军队攻占了墨西哥的首都，迫使墨西哥投降，并在停战后获得了墨西哥的部分领土，包括今天美国的加利福尼亚州、内华达州、犹他州等地。亨利·戴维·梭罗（《瓦尔登湖》的作者）因为反对美墨战争和奴隶制而拒绝交税，并因此被关进了监狱。但他只被关了一天，因为他的一位亲属违背他的意愿缴纳了税款。——译者注

者木偶。一个系统的特征可以通过创造最小阻力路径来增加可能性，但剩下的取决于人们在每一个时刻选择做什么。

我们无意识地做了大部分选择，这是最小阻力路径的本质——它使我们的选择看上去都是合乎逻辑、正常的事情，不需要我们多加思考。当然，这意味着我们能够以不自觉的方式参与社会系统，在不知的情况下帮助产生后果，在无意中卷入他人过去和现在的生活。我自己通过追溯我的家族和美国历史（包括白人特权和种族主义）的联系意识到了这一点。

从表面上看，我的最小阻力路径是直接得出最终的结论：因为据我所知，我没有过公开的种族主义行为，并且我的祖先不是来自南方，也不曾拥有奴隶，所以这段令人不安的历史与我无关。但这个国家的种族的历史和现状表明，事情比这要复杂得多。

例如，我母亲的祖父从康涅狄格州迁移到威斯康星州，他在那里买了土地，开了一家后来很繁荣的奶牛场。事实证明，他购买的土地是几十年前从霍钦克原住民部落手里夺走的，尽管联邦政府承诺过永远保护他们对祖先家园的权利。该承诺一直得到执行，直到白人矿工对霍钦克族土地上丰富的铅矿很感兴趣，于是美国政府违背了承诺，撕毁了条约，调集军队赶走了霍钦克人。

从霍钦克人的角度看，我的曾外祖父购买的财产是偷来的。但由于白人拥有制定和执行法律的权力，他们也可以裁定某种东西是不是偷来的，所以我的曾外祖父可以毫不迟疑地购买土地。繁荣的美国经济就像谚语中不断上升的潮水，可以抬高所有的船，包括我的曾外祖父的船：他成了成功的农场主。然而,系统中的有色人种被剥夺了拥有自己"船"的机会,高涨的工业资本主义浪潮没有给他们带来任何好处。

在我的曾外祖父去世后,农场由我的外祖父继承;当我的外祖父母去世后,农场被卖掉了,我母亲和她的四个兄弟姐妹每人获得了一份收益。1954年,我的父母购买了他们的第一套房子,他们用我母亲继承的为数不多的遗产支付了首付。他们还从联邦住房管理局(FHA)——FHA成立于第二次世界大战后,目的是帮助退伍军人购买自己的住房——获得了价格合理的抵押贷款。作为普通公民,他们很可能没有意识到这样一个事实:管理FHA贷款的联邦法规和指导方针几乎都偏向白人而非有色人种的退伍军人,因此他们在美国历史上最大的财富转移中成为白人特权的受益者。无论我的父母是否知道,结果是一样的。[1]

我的父母现在有了自己的"船",20世纪50年代和60年代经济增长的浪潮把它抬了起来。在80年代,我和我的妻子想买我们的第一套房子,但没有足够的钱支付首付,所以我们向我的母亲借了钱。我们现在也有了一艘"船",几年后我们卖掉了它,建造了我们现在住的房子——我最近才知道,这栋房子所在的土地曾经是马萨库部落的家园,17世纪的白人从他们手中夺走了这片土地。殖民地的法律禁止了这种获取土地的方法,但获得土地的人提出与殖民地分享这片土地,于是官员们决定不干涉。

我可以说,这段历史与我个人无关,那是很久以前的事

---

[1] 参见 George Lipsitz, *The Possessive Investment in Whiteness: How White People Profit from Identity Politics*(增订版), Temple University Press, 2006。

情，是别人造成的，我的祖先都是善良、有道德、正派的人，他们从来没有杀害或奴役过任何人，也没有把任何人赶出他们的家园。即便这是真的（我永远无法确定），不把这段历史放在心上的唯一的方法就是忽略这样一个事实：如果有人愿意花时间追踪钱的流向，他们会发现，我现在称为"家"的房屋和土地，有一部分可以通过我的家族史直接追溯到白人通过政府等机构集体性地强加的法律和惯例，追溯到资本主义工业革命和使之成为可能的对有色人种的剥削，追溯到欧洲人在最初获得美国土地时采取的征服、强制驱逐和种族灭绝。换句话说，这栋房子的一部分是我们从白人特权中分享的利益，这些利益代代相传、逐代累积。

一些白人获得的利益比其他白人更多或者更少，这取决于社会阶级的动态变化等因素。但有一点是肯定的：总的来说，美国的白人现在在财富和权力上拥有巨大的非正当优势。无论我们作为个体是怎样的人，无论我们自己有没有做过什么，这种优势都与这个国家的种族和种族主义的历史密不可分。过去不仅仅是历史。它还体现在财富和权力的结构性分配，以及文化意识形态、法律、惯例、信念和态度上，其效果是辩护、捍卫和延续白人特权。过去体现在这种历史所带来的巨大的道德困境，也体现在如何处理因此带来的不必要的痛苦和不公。

在任何系统中，最小阻力路径是坚持一种否认这些因素的世界观，接受社会生活的组织方式就是它本来的样子，也是它应该有的样子。特权系统中的主导群体尤其如此，他们可以享受"无知无觉的奢侈"，可以自由地生活在不知情的状态中，对自己参与的系统和它的影响一无所知。

相比之下，一个人最能意识到这一点的时刻，就是离开最小阻力路径，使路径和它所属的系统都变得清晰可见的时候。这也是最有可能做出改变的时刻。例如，在 1960 年，美国南方的大多数公共设施都实施了种族隔离。有一天，在北卡罗来纳州格林斯伯勒，四名年轻的非裔美国大学生走进一家伍尔沃思超市，为他们的大学第一学期购买了学习用品，然后坐在小吃店，想要几份菜单。然而，女服务员拒绝为他们服务——"我们这里不接待你们这种人"——并让他们离开。[1]

被这样对待让他们感到愤怒，因为他们来自北方城市，那里的种族主义和种族隔离确实存在，但不是以如此公然的形式。几个星期以来，他们一直在争论该怎么做，最后他们决定回到小吃店，拒绝离开，除非他们像其他人一样得到服务。那天他们坐在凳子上，受到了威胁、辱骂和身体上的粗暴对待，还被扔了食物和饮料，但他们拒绝离开。最后，经理宣布小吃店关门。当学生们起身离开的时候，他们说第二天还会回来。他们和其他听说了这一行动的人的确是这么做的，然后第三天又有更多的人这样做，直到每个座位都被有色人种占据，公开反对几百年来一直是南方之标志的公然的种族隔离。

几周之内，格林斯伯勒事件的消息传开了，北卡罗来纳州发生了类似的静坐示威；几个月内，整个南方的公共场所都发生了类似的静坐示威。最终的结果是，这种形式的种族

---

[1] William H. Chafe，*Civilities and Civil Rights: Greensboro, North Carolina and the Black Struggle for Freedom*，Oxford University Press，1981。

隔离结束了。

请注意这些年轻人做了什么，没有做什么。他们没有试图改变别人的想法。他们没有与任何人交谈，没有与任何人辩论，也没有散发书面的声明。相反，他们利用了这样的一个事实：任何社会系统都只能通过个人的参与发生，任何人都有可能通过离开最小阻力路径改变系统的发生方式。通过改变系统的发生方式，他们改变了比自身更大的东西——这个东西塑造了人们的经验、行为和对下一刻**应该**发生什么的期望。换句话说，他们发现，相比每次一个人地改变个人，改变系统的发生方式更加有效，也可能更加危险。

还要注意他们的选择是否符合社会学模型。通过离开最小阻力路径，他们改变了"小吃店"这个小系统的生态和结构。他们改变了人们在物理空间中的互动模式和安排，即种族隔离的本质。他们的行动不仅挑战了将这种安排作为白人特权基石的权力分配，也挑战了将其视为自然秩序的种族世界观。这反过来又产生了各种各样的后果，包括紧张和冲突、经理关闭了小吃店、第二天出现了更多的人等等。所有这些都继续影响着系统在下一刻会发生什么。这些后果从小地方影响到更大的系统，并不断发酵，包括我在本书中复述这个故事，这些故事对读者产生的影响，以及这些读者将会产生的影响。

这就是社会生活的发生方式，以及它可能发生变革的方式。但是请注意，经过多年的民权斗争，白人特权在美国仍然存在。为什么？在某种程度上，这是因为白人精英有权力控制社会制度，从而减缓变革的步伐。但更深层次的答案在于主流世界观，这种世界观让关于种族的现实看起来正常和可以接受,或者根本无法被看见,直接隐形。因此,要理解变革以及人们如何抵制变革,我们还必须更多地了解让我们不愿接受变革的世界观。

世界观很难改变

白人特权的历史依赖于"种族"观念,尤其是"白人"观念的文化发明,这是欧洲世界观彻底转变的一部分。它帮助创造了一种理所当然的现实:奴隶制这样的制度不仅"合理",而且在道德上可以接受,甚至被认为是符合上帝旨意的美德。

我们对那段历史的理解也依赖于一种社会学世界观,它本身违背了我们社会中的流行世界观。在某种程度上,这种冲突是因为许多社会学家倾向于关注社会正义和社会不平等的问题——这一直是少数人持有的视角。但社会学世界观没有在美国站稳脚跟,主要原因是它与作为我们文化基石的个人主义模型发生了直接冲突。

社会系统通过人与社会系统之间的动态关系而得以发生,如果我们接受这种观点,那么它将颠覆美国人对个人的迷恋——这是我们世界观的一个核心部分,尽管它并非基于现实,但它依然存在。它也挑战了人们的一种做法:用个人主义为不平等和压迫辩护,从而保护各种形式的特权。因此,不足为奇的是,社会学经常被视为一种有点异类的思维方式:在美国世界观占主导地位的背景下,它的确如此。

世界观很难被改变,因为我们依赖它,把它作为事实、观点和假设的总和,作为相互关联的信念、价值观、态度、形象和记忆的庞大集合——无论我们是否意识到这一点。大多数时候，世界观提供了一个深层的无意识背景，让我们在每个时刻都能驾驭现实。它塑造了我们看待一切事物的方式，从宇宙和死亡体验，到人们为什么会做他们所做的事情。它为我们提供了材料，用于建构理所当然的现实，即我们不必质疑，也无须思考的现实。它不仅塑造了我们对真实的感知，也塑造了我们对其理解，如何解释发生的事情，解释什么存在、什么不存在，以及在特定的情境下如何为自己的行为辩护。它更强大的地方在于，我们往往没有意识到世界观的存在，也没有意识到世界观的复杂。当其中一部分暴露在审视和怀疑之下，你就会不自觉地对其余部分提出质疑。

当我思考为什么很难改变一种世界观——无论是别人的还是我自己的——我发现这取决于它的来历、它背后的权威，以及它在多大程度上位于其他事物的中心，或者在多大程度上与其他事物有关。例如，我的世界观包括相信地球有大约四十五亿年的历史。这点零星的现实是我在某个地方读到的。我不记得是在什么地方，也不记得是在什么时间，但我知道我接受了这条消息，因为它被认为是来源于科学，而我的世界观包含了信任科学家所声称的事实。我也始终知道，如果出现新的证据，它也可能会改变。在某一个特定的时刻，以某一种特定的方式，从某一处特定的来源，这种信念被添加到我的世界观中；我也可以决定不赞同，或者由于某种原因不作评判——我有时候的确这么做。

我对地球年龄的真实情况的了解，只是我和其他许多人的世界观中一个简单而孤立的部分。它不涉及对我来说很重要的其他信念，也几乎不会影响我的生活，所以我真的不在乎它是否正确。如果科学家说地球的年龄是三十三亿岁，我也会毫不犹豫地接受。

相信种族或资本主义是完全不同的事情，它们是我们在不知不觉中获得的观念，几乎从我们出生的那一刻起就在我们呼吸的空气中，然后多年来，在故事、形象和人们的言行中被重复和肯定。它们被嵌入到一个不断扩大的信念、价值观、经验和感觉的网络中，非常紧密地联系着我们世界观的其他部分，以至于它们似乎可以起源于任何地方，甚至没有特定的起源，而是一直存在，这使它们具有比任何特定来源都更加广泛、牢固的权威。它们不是一个人、一个群体或一个社会的信念，而是超越了证据、观点、时间或地点的东西。它们根本不是信念，而是直观真实、不可否认、显而易见、自然而然、人人知晓、上帝命定、不可改变的事实。

因此，白人统治、白人认同、白人中心的核心原则，以及对资本主义的近乎宗教的信念，已经嵌入了美国的主流世界观，成为它不可或缺的一部分。这为一代又一代的美国人提供了一片透镜，他们可以透过它感知、解释和塑造看到的真实和想象的可能。

然而，不同于接受关于地球年龄的观念，我们不会有一天突然决定，我们要从现在开始相信种族和资本主义。在某种程度上，我们确实相信，这是因为我们在成长过程中非常笃定地**知道**它就是这样的——它就像我们的第二天性，理所当然地被认作毫无疑问的真理。

从作为一种世界观的社会学中，我了解到的最重要的东西也许就是对这种"知道"的认知；因为正是通过这种认知我意识到，我甚至可以退后一步去检验和理解**我拥有**的世界观。通过这种方式,社会学既可以提供一面镜子,让我们用另一种方式看到自己,也可以提供一扇窗户,让我们看到更大的世界,无论是现在的世界还是未来的世界。

结语

我们到底是谁？

许多年前的一个凉爽的春夜，我在我住的一个大学城附近的街道上散步。夜幕刚刚降临，街上几乎没有行人。我正走着，一个年轻女子从我对面走过来。我从来没有见过她，但当我们靠近对方的时候，我有一种惊讶和困惑的感觉。而且在几十年后，那一刻的生动记忆仍然困扰着我。当我们擦肩而过的时候，她低下头，移开目光，加快脚步，稍微往一侧偏了一点，从而扩大我们之间的距离。她似乎蜷缩着身体，仿佛是为了占用更少的空间。我突然意识到，在这个美好的夜晚，走在这条宁静的街道上，她怕我——一个完全没有想要伤害她的人。

但是，她的反应与我的意图无关。她的反应针对的是我所属的社会类别——成年男性——世界上大多数暴力的源头，同时也是几乎所有针对女性的暴力和骚扰的源头。这就是她对我的全部了解，但显然，这足以激起她的恐惧和顺从，所以在我们擦肩而过的时候,她把人行道让给了我。这不是我想要的,但我想不想要并不重要,这就是这个故事的社会学要点,也是我面临的个人困境的核心。

社会生活能产生各种后果,包括产生最小阻力路径,这些路径影响了我们如何感知和考虑他人、如何感受,以及如何行动。我们不是路径本身。路径存在于特定的情境中,无论我们是否了解它们,无论它们是否通往我们想去的地方。我从来没有过性骚扰或暴力行为,这一点在社会学上无关紧要,因为那名女子把"成年男性"的身份与权力和威胁联系在一起,而权力和威胁植根于我们都参与了的男性主导、男性认同和男性中心的世界。由于不存在典型的具有暴力倾向或喜欢骚扰的男性,所以尽管没有任何迹象表明我本人是一个危险个体,但也没有任何迹象可以向她保证我不是危险个体。同样,她会成为潜在的目标,是因为性骚扰和暴力的受害者通常都是女性。简而言之,在父权制社会中,我的男性身份足以让我成为一种威胁,而她的女性身份足以让她感觉自己很容易被选为目标。

当我意识到发生了什么事情,我的第一反应是为自己辩护。毕竟,我心想,我不是**他们**中的一员。我是作为个人的艾伦,而不是某个社会类别的成员。我的教学、写作和演讲都与男性特权的问题有关。我在强奸危机中心做志愿者。在某种意义上,我是对的;但在另一种意义上,我错了。我的挣扎和困惑在于如何看待我所属的这些类别,它们是许多人对我的大部分了解,也是那个年轻女子在那一刻所能知道的全部。

我坚决要求别人把我当成独立的个人,而忽略我在社会系统中的身份——后来我才意识到,这是一种奢侈。我之所以能够要求这种奢侈,部分是因为这些位置附带的特权。和许多白人男性一样,在这个性别主义和种族主义的世界里,我不想把种族、性别或者我的白人男性身份看成重要和有问题的事情。因为如果我这么做了,我将不得不重新思考令我舒适的假设:我的生活如何通过大家都参与的系统而关系到他人的生活。

例如,当白人男性抱怨肯定性行动计划时,他们往往会把注意力转移到个人优点的问题上。[1]他们充分意识到了自己的才能和勤奋,希望用这一点解释他们获得的东西和应得的东西。但他们忽略了自己相对于白人女性和有色人种的社会优势,那些人和他们一样有才能,和他们一样勤奋。他们忽略了这样一个事实:他们取得成功在一定程度上是因为,通常设置在其他人前面的障碍限制了其参与竞争。

例如,在有色人种所处的社会环境中,最小阻力路径是把他们视为空气,在学校里几乎不给他们鼓励和支持,而当这一切都无效时,就公开地歧视他们。由于白人优势已经成为系统结构的一部分,不需要公开和故意的歧视,它就可以起作用。例如,在大多数公司里,获得成功的唯一方法是让上级注意到你的潜力,并充当你的指导者和保证人。[2]大多数指导者和保证人倾向于选择那些他们感觉最"舒服"的人,

---

[1] 关于肯定性行动,参见 Paul Kivel, *Uprooting Racism: How White People Can Work for Racial Justice*(第三版), New Society, 2011, 第 172—179 页; Nicolaus Mills 编, *Debating Affirmative Action*, Dell, 1994; David T. Wellman, *Portraits of White Racism*(第二版), Cambridge University Press, 2012, 第 226—236 页。

[2] 参见 R. Roosevelt Thomas Jr., *Beyond Race and Gender*, AMACOM, 1991。

也就是那些最像他们的人。由于身居高位、能够提供指导的大多数人都是白人，所以最小阻力路径是选择其他的白人。

只要人们仍然以这种方式获得晋升，白人特权带来的优势就会持续下去，尽管白人通常不会感受到这些优势。他们会意识到自己为了获得成功付出了多少辛劳，所以当肯定性行动这样的计划出现时，他们可能会抗议别人获得了"不公平优势"。但他们没有看到自己的不公平优势，这些优势已经深深地嵌入到系统的组织方式中，以至于看不出来是一种优势，仿佛只是一种正常和适当的事情。

面对我们占有的身份，我们很难理清楚我们是谁，也很难清晰地认识到参与社会系统，但又不只是系统参与者的"真实的我"。在高度重视个人主义的社会中，这种复杂性尤为明显。我们当然不仅仅是身份的占有者和角色的扮演者，但从我们出生的那一刻起，我们经历的几乎所有事情都与某种系统纠缠在一起，以至于很难区分我们和我们的身份与角色。

例如，我相信我有灵魂，我的灵魂不是一种社会发明。但信念本身以及我**思考**"灵魂"——从这个词本身开始——的所有方式都植根于某一种文化。在灵修的时刻，我会有一些仿佛脱离了世界和社会系统的体验。在一些时刻，我似乎完全停止了思考，感受到了比语言更深层的现实，比文化塑造的思想更深层的现实。但这样的时刻很少发生。尽管它们提醒我，人类的存在比我们知道的社会生活更深邃，但它们转瞬即逝的性质也提醒我，我的个人生活在大多数时候就是社会生活。

那天晚上，当那个年轻女子和我在人行道上擦肩而过的时候，她感受到的恐惧基于我的男性身份和她的女性身份在世界上的关系,而这个世界以一种特殊的方式把这些身份联系起来。她的恐惧基于一种社会现实,而这种现实并不符合我对自己的许多看法,以及我的自我体验。但这并不意味着她对一些不真实的事情做出了反应,因为她和我参与的社会现实在那一刻就像"真实的我"和"真实的她"一样真实。我们都没有创造这种现实,作为个人,我们也无法凭自己的力量改变它。但无论我们是否喜欢,它都关系到我们是谁,以及我们如何看待彼此、如何互动。

通过这种方式,社会学实践不断地把我们引向一个事实:所有事物都是以某种方式相互关联的。任何经历、任何行动都不是完全独立的。任何事情都具有根本的关系性。全球经济不仅关系到国家和资本流动,也关系到家庭、社区、街区、事业前景、压力、餐桌上的争论,以及深夜的担忧。像贫困这样的重大问题,不仅涉及个人选择如何生活,也涉及他们参与的系统——系统决定了他们可以选择的选项,也决定了他们可以遵循的最小阻力路径。两个人在人行道上擦肩而过或者两个人发生了交谈,像这样看似简单而不起眼的事情,其结果却非常不简单,因为它的发生与更大的背景有关,这个背景塑造了它的进程,赋予了它意义。

在社会生活的每一个层面,社会学实践使我们更全面地了解正在发生的事情,以及我们为什么会有这样的感觉和行为。它提供了一个基础,让我们更深刻、更清晰地意识到,我们的生活如何关系到这些"比我们自身更大的东西"。

但社会学的承诺远不止于此,因为观察社会生活运作的能力已经成为其运作**方式**的常规部分,因为社会学思维已经成为文化和世界观的普遍组成部分,而我们用文化和世界观建构现实。于是，社会学成为一种强大的集体工具，帮助人们理解和解决那些造成了大规模不公和不必要痛苦的问题。它使我们能审视我们如何参与到社会系统中，并设法让我们对社会生活产生的后果负一点点责任，不仅成为问题的参与者，而且成为解决方案的一部分。

术语表

黑体字表示出现在术语表中其他地方的条目。

边界 boundary 控制谁可以占据特定的**社会身份**的规则和解释。

不公正划分选区 gerrymandering 一种立法程序,通过重新划分选区,增加大多数选民支持现任政党的选区数量,从而提高执政党的优势。

常人方法论 ethnomethodology 对潜规则和潜台词的研究,人们用它们解释彼此的**行为**和形成社会情境中的期望。

冲突论视角 conflict perspective **社会学**的一种视角,关注群体和个人如何为了资源和奖励而相互斗争,从而导致**社会**和其他**社会系统**中财富、**权力**和声望的特定分配。这些冲突不仅塑造了日常生活的模式,也塑造了更大的模式,比如**种族**、**族群**、**性别**、**社会阶级**的不平等以及世界上的各个**社会**和区域之间的关系。

分工 division of labor **社会系统**的一种结构特征,其中过程（比如生产商品和养育家庭）被划分为不同的任务，分配给不同**社会身份**的占据者。

符号 symbol 物体、物体的特征（例如颜色）、**姿态**或词语，它们在特定**文化**中代表的不仅仅是它们本身。

父权制 patriarchy 一种**社会系统**，其组织原则围绕着**男性主导**、**男性中心**、**男性认同**和对在**性别**上呈现男性化特征的控制的痴迷。

概化他人 generalized other 在某种社会情境中，对针对占据特定**社会身份**的人（例如，商店里的顾客、公共汽车上的乘客）的想法和期望的共同认知。

隔离 segregation 对不同社会类别的成员实行的强制物理分隔。

个人主义 individualism 一种基于下述观念的思维方式：社会生活中发生的一切都只起因于个人的思想和感情，而与他们在**社会系统**中的参与无关。

工业社会 industrial society 一种**社会**，其**经济系统**的组织围绕着使用机器和非动物的**力量**（power，见**权力**）源来集中地生产商品。

功能主义视角 functional perspective **社会学**的一种理论视角，关注**文化**观念和**社会结构**如何促进或干扰一个**社会系统**的维系或适应。

官僚制 bureaucracy 一种复杂的**社会系统**，由**身份**占有者之间的正式关系构成，这些占有者专门从事由严格的规则和明确的等级体系支配的细分任务。管理者专注于确保规则得到遵守，并确保决策基于对组织最大利益的理性考虑，而不是个人的感受。

规范 norm 关于形象或行为的社会规则，它把信念和价值观与奖励和（或）惩罚联系起来。

国家 state 被授予合法使用武力的垄断权的社会机构。

后工业社会 post-industrial society 一种社会，其经济系统的组织围绕着提供服务而不是生产商品。

互动仪式 interaction ritual 作为社会互动的一部分而进行的仪式，目的是维系特定的社会情境和社会关系的共同现实（例如问候你在街上遇到的人）。

互惠规范 norm of reciprocity 一种社会期望，即期望一种行动会以一种相互的、适当的方式得到回应，从而维系一段关系（比如回应某人在谈话中所说的话，或者回报某人的帮助）。

获致身份 acquired status 见自致身份。

价值观 value 关于相对价值、善或可取性的观念，被用于在不同的选项之间做选择。例如，在父权制中，男性的文化价值高于女性，秩序的价值高于失控。

角色 role 在社会系统中与社会身份有关的一套信念、价值观、规范和态度，它塑造了人们如何参与和体验涉及其他身份占有者的社会生活（比如涉及"丈夫"的"妻子"的角色）。

角色冲突 role conflict 一个角色的期望或观念与另一个角色的期望或观念发生冲突的情况。

角色结构 role structure 一个系统中的社会身份的安排，以及它们相应的角色。

阶级 class 见社会阶级。

经济系统 economic system 在一个社会中生产和分配商品与服务的一套制度安排。

镜像自我 looking-glass self　基于我们认为别人如何看待和评价我们而形成的我们对自己的看法。

刻板印象 stereotype　与特定**群体**或特定**社会类别**的所有成员关联的僵化的、过于简单的**信念**。

酷儿 queer　一些LGBT活动家用这个术语泛指以各种方式拒绝、考验或逾越文化上认为的正常的**性别**、性别认同或性取向和性表达之边界的人。

跨性别者 transgender　其内在**性别**体验与出生时被指定的性别不匹配的人。

联盟 coalition　成员联合起来形成的子群，目的是控制**群体**内发生的事情。

矛盾 contradiction　**社会系统**中的一个或多个方面彼此不相容或冲突的情况，通常会产生紧张，最终导致变革。

民族中心主义 ethnocentrism　认为其他**文化**的观念和实践低劣或错误的倾向。

命定说 Manifest Destiny　起源于19世纪的一种**意识形态**。根据这种意识形态，上帝选择了美国在整个大陆扩张，并将其影响力和**文化**传播给世界其他地区的"未开化"民族。

男性认同 male identification　**父权制**的一种组织原则，即男性被视为人类的标准，因此被认为比女性更优越。

男性中心 male centeredness　**父权制**的一种组织原则，即**最小阻力路径**总是将男性和男性的行为置于关注的中心。

男性主导 male dominance　**父权制**的一种组织原则，即男性掌握**权力**是默认条件。

拟剧论视角 dramaturgical perspective　**社会学**的一种视角，认为社会互动就像戏剧表演，可以从剧本、演员、**角色**

和观众的角度来理解。

农业社会 agricultural society 经济活动集中于通过耕种大片土地来产生粮食的社会，通常涉及使用犁或类似工具。

偏见 prejudice 仅仅因为某人占有特定的**社会身份**而对其采取的积极或消极的**态度**。

迁移 migration 人从一个地方到另一个地方的移动。

情境身份 situational status 只有通过参与特定情境（如作为飞机乘客）才能占据，一旦结束参与就不再占据的**社会身份**。

权力 power 不顾反对而产生影响的能力，包括对控制和支配的主张。

权力结构 power structure **社会系统**中的**权力**分配。

群体 group 一个涉及两人或多人的**社会系统**，他们以常规和模式化的方式互动，并将彼此视为成员（例如，家庭或篮球队）。

人口 population 共享同一个地理区域或参与同一个**社会系统**的一群人。

人口过剩 overpopulation 在一个**社会系统**内人口规模超过可用资源的状况，无论是区域性还是全球性的。

社会 society 由特定领土界定的**社会系统**，其中的人口在相对自治、独立和自给自足的条件下享有共同的**文化**和生活方式。同时，在群体成员认同自己是成员的系统中，社会是最大的一种。

社会化 socialization 人们准备扮演符合特定**社会身份**的**角色**，或者以其他方式参与到**社会系统**中的过程。

社会阶级 social class 通常是指在一个**社会系统**中，由于财富或**权力**等资源和奖励的不平等分配而产生的区隔和划分。马克思主义的方法关注资本家、工人和**生产资料**之间的关系如何导致不平等。更主流的方法关注人们满足欲望和需求的能力，特别是通过收入、声望和**权力**。

社会结构 social structure　刻画一个**社会系统**的组织的关系和分配的模式。关系将**系统**的各个要素（如**社会身份**）联系起来，并将这些要素与系统本身联系起来。分配包括**有价值的**（*valued*，见**价值观**）资源和奖励，比如**权力**和收入，以及人们的社会身份。结构也可以指系统之间的关系和分配。

社会类别 social category　占有特定的**社会身份**的所有人的集合（例如，"大学生"或"白人"）。

社会认同 social identity　我们认为的自己相对于他人和**社会系统**的自身身份的总和。

社会身份 social status　人们在一个**社会系统**中可能占据的位置，它确定了人们相对于其他身份占有者的关系（例如，父母-孩子）。

社会系统 social system　**社会结构**关系、**生态**安排、**文化符号**、观念、对象、**人口**动态和条件的相互关联的集合，它们结合在一起形成一个整体。复杂的系统包括相互关联的小系统和通过文化、结构、生态以及人口的安排和动态而形成的大系统。

社会学 sociology　对社会生活和**行为**，特别是对**社会系统**，它们如何运作、如何变化、与人们生活的复杂关系，以及由此产生的后果的系统研究。

身份 status　见**社会身份**。

生产方式 mode of production　一个**社会**组织生产商品

和服务的方式（如**农业**、**工业**）。

生产资料 means of production 在**经济系统**中用于生产商品和服务的工具、机器、资源和技术。

生态系统 ecosystem 一种自然**系统**，各种生命形式在共享的物理环境中相互联系地生活。

生态学 ecology 研究**社会系统**和物理环境之间关系的学科。

时间结构 time structure 在**社会系统**中，社会关系被时间定义、制约和调节的方式。

世界观 worldview 相互关联的**信念**、**价值观**、**态度**、形象和记忆的集合，人们通过世界观在**社会系统**中、在参与其中的个人的头脑中建构和维持一种现实感。

狩猎采集社会 hunter-gatherer society 一种**社会**，其**经济系统**的组织围绕着狩猎和采集蔬菜食物。

述行语言 performative language 一种改变社会关系的言语行为（比如，说"我保证"）。

态度 attitude 对人、物或情境的积极或消极的评价，会使持有这种评价的人产生某种感觉，从而以积极或消极的方式行事。

特权 privilege 专属于特定的**社会类别**、由他人在社会意义上赋予的非正当优势。

文化 culture 与一个**社会系统**有关的**符号**、观念和实物的累积。

文化唯物主义 cultural materialism **社会学**的一种视角，关注一个**社会系统**中的物质条件（比如气候）如何塑造**文化信念**、**价值观**、**态度**和规范。

污名 stigma 被其他人视为违反**规范**，因而是一种**越轨**行为的个人特征（如外貌）。

无知无觉的奢侈 luxury of obliviousness **特权**系统的一个方面，即主导群体的成员可以选择是否意识到**特权**和**压迫**的真实程度、原因和后果。

物质文化 material culture 人们在参与**社会系统**并与他人及物理环境相互作用时制造的物体。

系统 system 见**社会系统**。

现实 reality 参见**现实的社会建构**。

现实的社会建构 social construction of reality 使用语言等**符号**进行互动的社会过程，人们通过这个过程建构和共享"什么被认为是真的"的认知。

信念 belief 关于现实或关于真假的陈述。

行动 action 一种会考虑到别人将如何解释和回应的**行为**。

行为 behavior 一个人做的任何事情。

性别 gender **文化**观念的集合，用于建构与女性和男性的生物学类别有关的形象和期望（比如"女人""男人""男性气质"）。

性别主义 sexism 具有制定和延续基于性别的特权之后果的任何事情。

压迫 oppression 在一个**社会系统**中，一个社会类别对另一个社会类别的支配、剥削和虐待，这个过程是对特权的主张。

意识形态 ideology 用于解释和合理化现状，或者推动社会变革的一套文化观念。

园艺社会 horticultural society 一种**社会**，其**经济系统**

的组织围绕着用掘土棒和锄头耕种小园地。

越轨 deviance　任何违反**规范**的情况。

殖民主义 colonialism　**强大**（*powerful*，见**权力**）国家用于剥削弱小国家的一种国际经济主导**系统**。

种族 race　一种**文化**范畴，其基础是科学上毫无根据的假设，即不同肤色、发型、面容等身体特征表明存在不同种类的人类。

种族主义 racism　一个宽泛的范畴，包括具有制定、执行、延续基于**种族**的**特权系统**之效果的任何事情。

重要他人 significant other　社会关系中的特定个人，其期望、判断和**行为**会影响我们的行为、经验和自我认知。

姿态 gesture　在特定**文化**中有意义的身体动作（如挥手）。

资本主义 capitalism　一种**经济系统**，其中的**生产资料**被一些人（资本家和投资者）拥有，但被另一些人（工人）使用，后者出卖自己的时间换取工资并生产商品和服务。

自致身份 achieved status　也称**获致身份**，指出生后在**社会系统**中占据的位置，比如婚姻**状况**（*status*，见**身份**）、教育水平和职业。

最小阻力路径 path of least resistance　在一个**社会系统**中，参与者根据其在该系统中的位置应该表现出的**行为**或形象构成了特定情境中的最小阻力路径。

LGBT　"lesbian"（女同性恋者）、"gay"（男同性恋者）、"bisexual"（双性恋者）和"transgender"（跨性别者）的首字母缩写。一些活动家还加入了字母"Q"（代表"queer"，酷儿），变成 LGBTQ。

索 引

索引中的无标记页码为原书页码（即本书边码），星号页码为本书页码。

阿富汗战争 Afghanistan, war in 145
《阿莫斯和安迪》Amos 'n' Andy 14，23
埃及的互联网控制 Egypt, Internet control in 59
爱，语言与 love, language and 126—130
爱尔兰 Ireland
　爱尔兰女性的历史地位 historical status of women in 78
　种族主义与爱尔兰 racism and 150
　爱尔兰与英国的征服 and subjugation by Great Britain 150
奥巴马，巴拉克 Obama, Barack 67
　奥巴马的当选 election of 134
　奥巴马受到的欢迎 popularity of 143
奥罗拉的大规模谋杀，科罗拉多州 Aurora, Colorado, mass murders in 142
　另见 大规模谋杀

罢工，种族与 strikebreakers, race and 152
白人特权的来源 white privilege, origins of 149—159
保守主义方法，应对贫困的 conservative approach to poverty 136—139，140—141
暴力 violence
　美国神话与暴力 American mythology and 144
　家庭暴力 domestic 70—72
　男性暴力的隐形 men's, invisibility of 141—146
　性暴力 sexual 70—71
本·拉丹，乌萨马 bin Laden, Osama 144—145
边界，社区 boundaries, community 90
　边界与不平等 and inequality 46，47—48
　规范、越轨与边界 norms,

227

deviance, and 47—48
述行语言与边界 performative language and 129

不公正划分选区 gerrymandering 133

不列颠 Britain
见 英国

不平等 inequality 77—78, 83—85
理解不平等的冲突论视角 conflict perspective on 48—49
犯罪与不平等 crime and 73—74
越轨与不平等 deviance and 47
生态与不平等 ecology and 98—99
对不平等的解释 explanations of 99—100
全球不平等 global 77, 105—106
互动与不平等 interaction and 121, 122—124
人口与不平等 population and 105—106
另见 资本主义；性别；压迫；贫困；特权；种族；社会阶级；财富的分配

布朗，罗杰 Brown, Roger 43
布罗德，哈里 Brod, Harry 23
布什，乔治·W. Bush, George W. 8

财产 property
资本主义与财产 capitalism and 26, 87
财产观念 idea of 48—49
财富分配 wealth, distribution of 49—50, 90, 139
另见 资本主义；不平等；贫困；身份

常人方法论 ethnomethodology 119—121, 158* 注2
沉默，对男性暴力的 silence about men's violence 141—146

城市化 urbanization 80, 89, 100
冲突论视角 conflict perspective 48—50
出版自由 press, freedom of 55—56
出生率 birth rate 95, 100—101, 105
创造性越轨 innovative deviance 73

《大富翁》，作为社会系统的 Monopoly as social system 14—15, 66
大规模谋杀 mass murder 10—11, 142
大学航空炸弹客 Unabomber 43, 44
大众传媒 mass media
对大众传媒的集中控制 concentration of control over 55—56
暴力与大众传媒 violence and 142
代词，**性别** pronouns, gender 34—35
道德与文化规范 morality and cultural norms 47
妒忌 jealousy 75
多样性培训 diversity training 7—8

儿童，家庭角色结构中的 children in family role structures 79—81, 88

反叛，遵循与 rebels, conformity and 113
反贫困项目 antipoverty programs 136—137, 139—140
犯罪 crime
生态与犯罪 ecology and 94
机会结构与犯罪 opportunity structure and 72—74
非工业社会的人口 nonindustrial societies, population in 101
非洲的人口增长 Africa, population

growth in 104
废奴运动 abolitionist movement 152—153
分工 division of labor 100
分配，结构 distributions, structural 26，27，35，39，55，65，72—73，77—78，83，85，90，94，102，135，137，149，155，156
弗洛伊德，西格蒙德 Freud, Sigmund 10
符号 symbols 33，35—36
 另见 语言
福利改革 welfare reform
 作为贫困问题解决方案的福利改革 as solution to poverty 136—137
 投票与福利改革 voting and 133
父权制 patriarchy 35，77—78，79—81，99，144—146
 另见 性别；男性；女性
父权制男性气质 patriarchal manhood
 见 男性气质，父权制

概化他人 generalized other 111—113
尴尬 embarrassment 115
戈夫曼，欧文 Goffman, Erving 110，114—117
格林斯伯勒的种族隔离，北卡罗来纳州 Greensboro, North Carolina, racial segregation in 155—156
隔离，种族 segregation, racial 22，84—85，94，155—156
个人解决方案，社会问题的 personal solutions for social problems 141
 另见 个人主义
个人与社会系统 individuals and social systems 17，20，21，22—23，24，107，117—118，148
个人主义 individualism 9—12，17—21，24—26，142—143，147—148，157
工业革命 Industrial Revolution 58，79—83，100，154
工业社会 industrial societies 98，99，100—101
工业资本主义 industrial capitalism
 参见 资本主义；工业社会
公司，作为社会系统的 corporations as social systems 13，14* 注1
功能主义视角 functional perspective 46—48
共和党 Republican Party 132
谷登堡，约翰内斯 Gutenberg, Johannes 55
关系，结构与 relationships, structure and 64—65
官僚制 bureaucracy 78，100
规范，文化 norms, cultural 44—50
 理解规范的冲突论视角 conflict perspective on 48—50
 理解规范的功能主义视角 functional perspective on 46—48
 互惠规范 of reciprocity 128
国会的生态，美国 Congress, ecology of U.S. 93—94
国家 state 87—88

哈里斯，马文 Harris, Marvin 95—96
《哈罗德与莫德》*Harold and Maude* 129—130
韩国的资本主义 South Korea, capitalism in 87
核心家庭 nuclear family 88—89
后工业社会 post-industrial societies 99
互动仪式 interaction ritual 120—121，130
 另见 社会互动

互惠规范 reciprocity, norm of 128
互联网 Internet 58—59，94
霍钦克部落 Ho-Chunk tribe 153

机会分配 opportunity, distribution of 72—74
基督教，民族中心主义与 Christianity, ethnocentrism and 61
计算机，作为物质文化的 computers as material culture 57—58
技术 technology
    资本主义与技术 capitalism and 58
    技术与互联网控制 and controlling the Internet 59
    技术与自然环境 and natural environment 95，97，98
继父母 stepparents 76
加尔布雷思，约翰·肯尼思 Galbraith, John Kenneth 133
加拿大的投票 Canada, voting in 131
家庭 family
    家庭中的虐待 abuse in 70—71
    家庭与经济 and economy 77—83
    家庭工资 family wage 80
    家庭的历史变化 historical changes in 79—83
    家庭的人口动态 population dynamics in 101—102
    家庭中的权力结构 power structures in 79，102
    家庭中的角色结构 role structure in 75—76，88
    作为社会系统的家庭 as social system 12，70
    家庭中的紧张 strain in 88—89
价值观，文化 values, cultural 39—44
    价值观之间的冲突 conflict between 43

    越轨与价值观 deviance and 72—74
郊区与内城 suburbs and inner cities 89—90
角色 roles 68
    角色与概化他人 and the generalized other 111—113
    角色冲突 role conflict 17，68—69，91* 注 1
    自我与角色 the self and 110—112
    另见 拟剧论视角；角色结构；社会互动；身份
角色冲突 role conflict 17，68—69，89* 注 1
角色结构 role structure 75—76，79—82，88，101—102
    另见 身份
教育成就，死亡率与 educational attainment, death rates and 103
杰斐逊，托马斯 Jefferson, Thomas 151
结构分配 structural distributions
    见 分配，结构
金，小马丁·路德 King, Martin Luther, Jr. 85—86
经济系统，家庭与 economic system 79—83
经济效率 economic efficiency 58，86—87，135
镜像自我 looking-glass self 111
爵士乐即兴演奏，作为社会生活的隐喻的 jazz improvisation as metaphor for social life 118

卡钦斯基，戴维 Kaczynski, David 43，44
卡斯特的最后顽抗 Custer's Last Stand 144
卡特里娜飓风 Katrina, Hurricane 8
坎特，罗萨贝思·莫斯 Kanter,

Rosabeth Moss 122—123
克林顿，比尔 Clinton, Bill 66—67
刻板印象 stereotypes 84—85
肯定性行动 affirmative action 137，152，162—163
恐怖主义 terrorism 20—21
酷儿 queer 162* 注 1

拉丁裔群体的自杀 Latinos/as, suicide among 19
朗格，苏珊 Langer, Susanne 33—35, 60
劳工运动 labor movement 87
　种族与劳工运动 race and 152
离婚 divorce
　对离婚的看法的变化 changing views of 85
　贫困与离婚 poverty and 136
联邦住房管理局 Federal Housing Authority (FHA) 154
联合公民诉联邦选举委员会案 *Citizens United v. Federal Elections Commission* 56
联盟 coalitions 76, 101—102
罗马尼亚政府对打字机的控制 Romania, government control of typewriters in 55
罗斯福，西奥多 Roosevelt, Theodore 145

马克思，卡尔 Marx, Karl 86—87, 98
马萨库部落 Massacoe tribe 154
矛盾在社会生活中的作用 contradictions, role of in social life 72, 85—86, 151
　另见 资本主义
《美国的困境》*American Dilemma, An* 85
美国国会的生态 U.S. Congress, ecology of 93—94
美国宪法，种族与 U.S. Constitution, race and 151
美国最高法院，作为社会系统的 U.S. Supreme Court as social system 66
美洲印第安人 American Indians
　见 印第安人
米德，玛格丽特 Mead, Margaret 81
米德，乔治·赫伯特 Mead, George Herbert 108—109, 111
民权运动 civil rights movement 85—86, 155—156
民主，**资本主义**与 democracy, capitalism and 39
民主党 Democratic Party 132
　1968 年民主党代表大会 1968 Democratic presidential convention 36—37
民族中心主义 ethnocentrism 60—62
命定说 Manifest Destiny, doctrine of 12—153
墨西哥 Mexico
　墨西哥的人口增长 population growth in 104—105
　美墨战争 U.S. war with 153
默顿，罗伯特·K. Merton, Robert K. 38, 72—74
默里，查尔斯 Murray, Charles 136—140
缪尔达尔，冈纳 Myrdal, Gunnar 85—86
穆巴拉克，胡斯尼 Mubarak, Hosni 59

男性 men
　死亡率与男性 death rates and 103
　男性与家务 and housework 82,

231

88—89
  少女怀孕与男性 teen pregnancy and 141
  暴力与男性 violence and 70—72
  另见 家庭；性别；父权制；女性
男性气质，父权制 manhood, patriarchal 144—146
  另见 性别；男性；父权制
楠塔基特岛上的印第安人 Nantucket Island, Native Americans on 49
内城的危机 cities, crisis in inner 89—90
  另见 城市化
能源消耗，人口与 energy use, population and 105
拟剧论视角 dramaturgical perspective 114—117
牛在印度教中的神圣地位 cows as sacred in Hindu religion 95—96
纽敦的大规模谋杀，康涅狄格州 Newtown, Connecticut, mass murder in 142
农业社会 agricultural societies 98, 99
  种族和农业社会 race and 150
奴隶制 slavery 21, 70, 100, 151—152, 157
虐待产生的原因，家庭中的 abuse in families, causes of 70—71
  另见 暴力
挪威文化与美国文化的对比 Norway, culture of, compared with U.S. culture 41
女性 women
  作为艺术家和作家的女性 as artists and writers 93
  女性与死亡率 and death rates 103
  作为越轨者的女性 as deviant 48
  少女怀孕 teenage pregnancy 141

  另见 家庭；性别；男性；父权制
欧洲议会选举 Europe, election of parliaments in 132

帕伦蒂，迈克尔 Parenti, Michael 55—56
排队的社会现实 waiting lines, social reality of 120
佩罗，罗斯 Perot, Ross 132
偏见 prejudice 50, 51, 83—85, 66*注1
  另见 性别；异性恋主义；压迫；父权制；特权；种族
贫困 poverty
  越轨与贫困 deviance and 72—73
  对贫困的解释 explanation of 133—141
  另见 收入；机会分配；财富分配
苹果公司 Apple 21

启蒙时代 Enlightenment, Age of 9—10
气候变化 climate change 59, 95, 104, 149
迁移，人口增长与 migration, population growth and 100—101
抢椅子，作为资本主义经济系统的隐喻的 musical chairs as metaphor for capitalist economic system 25, 135
青春期，作为人生阶段的 adolescence as life stage 80
情境地位 situational status 67
情绪上的超然，作为文化态度的 emotional detachment as cultural attitude 52—53
权力／力量 power
  权力的概念 concept of 78

家庭中的权力 in families 71—72，79，102
学校中的权力 in schools 85
另见 权力结构；社会结构
权力结构 power structure
　　权力结构与资本主义 and capitalism 87，140
　　联盟与权力结构 coalitions and 102
　　生态与权力结构 ecology and 93
　　家庭中的权力结构 in families 19，102
　　权力结构与偏见 and prejudice 83
　　学校中的权力结构 in schools 85
　　社会不平等与权力结构 social inequality and 99，131，143，153，155，156—157
《权利法案》，种族与 Bill of Rights, race and 151
全球变暖 global warming 59，95，104，149

人口 population
　　能源消耗与人口 energy use and 105
　　人口增长 growth of 100—101
　　贫困与人口 poverty and 104—106
　　人口的种族结构 racial composition of 101
人口过剩 overpopulation 105—106
日本的自我观念 Japan, concept of self in 110

萨摩亚人的青春期 Samoa, adolescence in 81
上帝的文化观念 God, cultural idea of 37
蛇的文化态度，对 snakes, cultural attitudes about 51—52

社会 society 9，11
社会身份 social status
　　见 身份
社会互动 social interaction 113—121
社会化 socialization 121—122
社会建构，现实的 social construction of reality
　　见 现实的社会建构
社会阶级 social class 99
　　死亡率与社会阶级 death rates and 103
　　种族与社会阶级 race and 136，152，155
　　投票与社会阶级 voting and 131
　　另见 资本主义；不平等；贫困
社会结构 social structure 63—90
　　社会结构与文化 and culture 83—88，152
　　作为分配的社会结构 as distribution 77—79
　　作为关系的社会结构 as relation 74—77
　　另见 边界，社区；分配，结构；分工；家庭；家庭中的权力结构；权力结构；角色；身份
社会认同 social identity 110—112
　　另见 自我
社会问题 social problems 24—27，134—140
社会系统 social systems 12，27
　　对社会问题的分析与社会系统 analysis of social problems and 24—27
　　作为社会系统的公司 corporations as 13，14* 注1
　　社会系统与生态系统 and ecosystems 95
　　作为社会系统的家庭 families as

233

12，70
　　个人与社会系统 individuals and 107，117
　　社会系统之间的关系 in relation to other systems 79—83，88—90
社会学 sociology
　　界定社会学 defining 3—5，12
　　社会学实践 practice of 1—3
　　作为世界观的社会学 as worldview 147—149，157
社区边界 community boundaries
　　见 边界，社区
身份 status 65—70
　　身份与概化他人 and the generalized other 111—113
　　作为关系的身份 as relation 74—75
　　身份与自我 and the self 110—112，163—164
　　身份的类型 types of 67
　　神话，美国 mythology, American 144—146
生产方式 mode of production 98
生产资料的所有权 means of production, ownership of 86
生态位 ecological niches 98
生态系统 ecosystems 94—95
生态学／生态 ecology 93—98
　　种族与生态 race and 94，150—151
　　投票与生态 voting and 133—134
　　另见 隔离，种族
圣米格尔—德阿连德，墨西哥 San Miguel de Allende, Mexico 63
《失去的基础》*Losing Ground* 136—137
时间结构 time structure 63—64
世界观 worldview 191*注1
　　改变世界观 changing 157—159

作为世界观的社会学 sociology as 147—149，157
收入 income
　　死亡率与收入 death rates and 103
　　美国的收入分配 distribution of in United States 86—87，137—138，139
狩猎采集社会 hunter-gatherer societies 98，99
叔本华，阿图尔 Schopenhauer, Arthur 42
述行语言 performative language 126—130
斯金纳，B. F. Skinner, B. F. 107
死亡模式 death, patterns of 18—20，100—101，103—104
梭罗，亨利·戴维 Thoreau, Henry David 153

他人，概化 other, generalized 111—112
他人，重要 other, significant 111
态度，文化 attitudes, cultural 50—53
谈话，维持 conversations, sustaining 119—120
坦嫩，德博拉 Tannen, Deborah 121—122
特权 privilege 8—9，18，22—24，40，50—51，77—78，82，99，162—163，66*注1
　　互动与特权 interaction and 123
　　追溯特权 tracing 153—155
同性婚姻 same-sex marriage 85
同性恋的文化信念，关于 homosexuality, cultural beliefs about 37，50
　　另见 性别；父权制；性取向
投票 voting 131—134

涂尔干，埃米尔 Durkheim, Émile 18，47
托马斯，W. I. Thomas, W. I. 38
托马斯，多萝西·斯温 Thomas, Dorothy Swain 38

万帕诺亚格部落 Wampanoag tribe 49
网络空间 cyberspace 58—59，94
威尔曼，戴维 Wellman, David 22
韦伯，马克斯 Weber, Max 85* 注 1
唯物主义，文化 materialism, cultural 96—96
维斯塔岛的大规模谋杀，加利福尼亚州 Isla Vista, California, mass murder in 10—11
　　另见 大规模谋杀
　　文化 culture 31—62
　　个体与文化的关系 individuals' relation to 42—44，117—118
　　物质文化 material 54—60
　　文化与现实的社会建构 and the social construction of reality 33—37
　　文化与社会结构 and social structure 83—88，152
　　另见 文化唯物主义；语言；规范；价值观，文化
文化规范 cultural norms
　　见 规范，文化
文化价值观 cultural values
　　见 价值观，文化
文化态度 cultural attitudes 50—53
文化唯物主义 cultural materialism 95—96
文化信念 cultural beliefs 37—39
问题，社会 problems, social 134
污名 stigma 47—48
污染，环境 pollution, environmental 25—26
　　另见 生态学/生态
无知无觉的奢侈 luxury of obliviousness 155
伍尔夫，弗吉尼亚 Woolf, Virginia 93
伍尔沃思超市里的种族隔离 Woolworth's, racial segregation in 155—156
物质文化 material culture 54—60

戏剧的社会生活，作为 theater, social life as 114—117
下议院的生态，英国 House of Commons of Great Britain, ecology of 94
先赋身份 ascribed status 67
显而易见的真理，作为社会学关注焦点的 obvious truth as focus of sociology 38—39
现实的社会建构 reality, social construction of 31—37，38，41，60，112，118—121
宪法，种族与美国 Constitution, race and U.S. 151
效率，经济 efficiency, economic 58，86—87，135
心理学 psychology
　　行为心理学 behavioral 107
　　作为思维方式的心理学 as way of thinking 10，19
新奥尔良 New Orleans 8
新时代思想 New Age thinking 10
信念，文化 beliefs, cultural 37—39
行动 action 113—114
行为 behavior 113
性暴力 sexual violence 70—71
　　另见 性别；父权制；暴力
性别 gender

死亡率与性别 death rates and 103
情绪与性别 emotion and 53
性别与家庭 and families 79—83
性别不平等 gender inequality 7—78, 122—123
出生性别偏好 gender preference for births 77
性别代词 gender pronouns 34—35
语言与性别 language and 33—35
性骚扰与性别 sexual harassment and 68—70, 161, 89* 注 1
自杀与性别 suicide and 18
说话与性别 talk and 121—122
暴力与性别 violence and 70—72
工作与性别 work and 80—83
另见 家庭；男性；父权制；女性
性取向 sexual orientation 85
另见 异性恋主义；LGBT
性骚扰 sexual harassment 68—70, 89* 注 1
另见 性别；父权制；性暴力；暴力
匈牙利的自杀率 Hungary, suicide rate in 19
蓄意破坏，工业革命时期的 sabotage during the Industrial Revolution 58
学校 schools 73—74
学校中的作弊 cheating in 93
学校的生态 ecology of 79—80
学校与家庭 and families 79—80
不平等与学校 inequality and 89—90
学校中的权力结构 power structure in 85
作为社会系统的学校 as social systems 27—28
学校中的价值观 values in 73—74
血汗工厂 sweatshops 21

压迫 oppression 8
另见 性别；异性恋主义；不平等；父权制；特权；种族；社会阶级
《一间自己的房间》Room of One's Own, A 93
一件事 one thing, the 12
伊拉克的入侵，美国对 Iraq, U.S. invasion of 145
医疗改革 health care reform 66—67
仪式，互动 ritual, interaction 120—121, 130
另见 社会互动
移民，非法 immigration, illegal 100—101
异性恋主义 heterosexism 50—51, 122—123, 66* 注 1
另见 性别；父权制；性取向
意大利的自杀率 Italy, suicide rate in 19
音乐，作为文化的 music as culture 54, 118
印第安人 Native Americans
对印第安人的征服 conquest of 144, 150, 152, 153, 154
印第安人的文化 cultures of 37—38, 49
对印第安人的奴役 enslavement of 151
印第安人的自杀 suicide among 19
印度 India
印度的能源消耗 energy use in 105
印度与印度教 and Hindu religion 95—96
印度的人口增长 population growth in 104
印度教与牛的神圣地位 Hinduism and sacred status of cows 95—96
印刷机，作为物质文化的 printing

press as material culture 55
印象管理 impression management 114—115，116—117
英格兰 England
　　参见 英国
英国 Great Britain
　　英国的财产观念 ideas about property of 49
　　白人特权的来源与英国 origins of white privilege and 150—151
　　英国对爱尔兰的征服 subjugation of Ireland by 150
　　英国的世界观 worldview of 150，151，152
语言 language 12，32
　　性别与语言 gender and 33—35
　　述行语言 performative 126—130
　　自我与语言 self and 108—109
园艺社会 horticultural societies 98，99
越轨 deviance
　　创造性越轨 innovative 73
　　道德、边界与越轨 morality, boundaries and 47—48
　　机会结构与越轨 opportunity structure and 72—74
　　越轨的类型 types of 73
越南战争 Vietnam War 145

詹姆斯，威廉 James, William 10
占领华尔街运动 Occupy Wall Street movement 57，87，140
战争 war
　　阿富汗战争 in Afghanistan 145
　　对战争的解释 explanation of 20—21
　　伊拉克战争 in Iraq 145
　　规范与战争 norms and 45

越南战争 Vietnam War 145
照顾孩子，作为女性工作的 child care as women's work 80，82
真实性，自我的 authenticity of self 115—116
政府 government
　　政府与资本主义的矛盾 and contradictions of capitalism 87—88
　　政府对信息的控制 control of information by 55，58—59
殖民主义 colonialism 99
中国 China
　　中国的官僚制 bureaucracy in 100
　　中国女性的地位 status of women in 78
　　中国的工作条件 working conditions in 21
种族 race
　　肯定性行动与种族 affirmative action and 137，152，162—163
　　民权运动 civil rights movement 85—86
　　犯罪与种族 crime and 94
　　死亡率与种族 death rates and 103
　　种族观念 idea of 150，152，157
　　种族的发明 invention of 149—151
　　新奥尔良的种族 in New Orleans 8
　　隔离与种族 segregation and 22，84—85，94，155—156
　　社会阶级与种族 social class and 136，152，155
　　自杀与种族 suicide and 19
　　另见 特权；种族主义；白人特权
种族灭绝 genocide 150，151，154
种族主义 racism 13—14，22—24，83—85，116—117
　　另见 不平等；压迫；特权；种族；

237

隔离，种族

重要他人 significant other 111

资本主义 capitalism 86—87

 资本主义的矛盾 contradictions of 39, 56—57

 对资本主义的批评 criticism of 39

 资本主义与民主 and democracy 58

 效率与资本主义 efficiency and 79—83

 资本主义与家庭 and families 81—83

 男性与资本主义 men and 98

 作为生产方式的资本主义 as mode of production 135—136

 贫困与资本主义 poverty and 135—136

 种族主义与资本主义 racism and 150—153

 作为社会系统的资本主义 as a social system 86—87

 国家与资本主义 state and 87—88

 女性与资本主义 women and 80, 81—83

自动化 automation 58

自然的文化信念，关于 nature, cultural beliefs about 37—38

自杀 suicide 18—20, 103

自我 self 107—113

 系统中的自我 in systems 113—118

 另见 个人主义

自我呈现 presentation of self 114—115

自由 freedom 42

自由，出版 freedom of press 55—56

自由主义方法，应对贫困的 liberal solutions for poverty 139—141

自致身份 achieved status 67

宗教，生态与 religion, ecology and 95—96

最高法院，作为社会系统的美国 Supreme Court, U.S., as social system 66

《最后的莫希干人》 *Last of the Mohicans, The* 144

最小阻力路径 path of least resistance 16—17

 角色与最小阻力路径 roles and 68, 89* 注 1

 社会变革与最小阻力路径 social change and 155—156

iPod 的生产 iPod, production of 21

LGBT（女同性恋者、男同性恋者、双性恋者、跨性别者） LGBT (lesbian, gay, bisexual, and transgender) 122, 162* 注 1

明室
Lucida

照亮阅读的人

主　　编　陈希颖
副 主 编　赵　磊
策划编辑　赵　磊　陈希颖
特约编辑　李佳晟
营销编辑　崔晓敏　张晓恒　刘鼎钰
设计总监　山　川
装帧设计　曾艺豪 @ 大撇步
责任印制　耿云龙
内文制作　丝　工

版权咨询、商务合作：contact@lucidabooks.com

上海光之室文化传播有限公司　　　　Shanghai Lucidabooks Co., Ltd.

图书在版编目（CIP）数据

见树又见林：社会学作为生活、实践与承诺 /（美）艾伦·G. 约翰逊著；左安浦译 . -- 北京：北京联合出版公司，2024.10（2024.12 重印）. -- ISBN 978-7-5596-7728-0

Ⅰ . C91-49

中国国家版本馆 CIP 数据核字第 2024MK0829 号

北京市版权局著作权合同登记号 图字：01-2024-3621 号

见树又见林：社会学作为生活、实践与承诺

作　者：[美] 艾伦·G. 约翰逊
译　者：左安浦
出 品 人：赵红仕
策划机构：明　室
策划编辑：赵　磊　陈希颖
特约编辑：李佳晟
责任编辑：夏应鹏
装帧设计：曾艺豪 @ 大撇步

北京联合出版公司出版
（北京市西城区德外大街 83 号楼 9 层　100088）
北京联合天畅文化传播公司发行
北京市十月印刷有限公司印刷　新华书店经销
字数 178 千字　880 毫米 ×1230 毫米　1/32　8.25 印张
2024 年 10 月第 1 版　2024 年 12 月第 2 次印刷
ISBN 978-7-5596-7728-0
定价：62.00 元

版权所有，侵权必究
未经书面许可，不得以任何方式转载、复制、翻印本书部分或全部内容。
本书若有质量问题，请与本公司图书销售中心联系调换。
电话：(010) 64258472-800

The Forest and the Trees: Sociology as Life, Practice, and Promise
Copyright © 2014 by Allan G. Johnson
Originally published by Temple University Press
Simplified Chinese edition copyright
© 2024 by Shanghai Lucidabooks Co., Ltd.
All rights reserved